PRODUCT EXPLOSION

爆品思维

破解爆品密码　静候奇迹发生

陈 洁/著

中华工商联合出版社

图书在版编目(CIP)数据

爆品思维/陈洁著. -- 北京：中华工商联合出版社，2022.8

ISBN 978-7-5158-3517-4

Ⅰ.①爆… Ⅱ.①陈… Ⅲ.①企业管理-销售管理 Ⅳ.①F274

中国版本图书馆CIP数据核字（2022）第130724号

爆品思维

作　　者：	陈　洁
出品人：	李　梁
责任编辑：	李　瑛　李红霞
排版设计：	水日方设计
责任审读：	付德华
责任印制：	迈致红
出版发行：	中华工商联合出版社有限责任公司
印　　刷：	北京毅峰迅捷印刷有限公司
版　　次：	2022年10月第1版
印　　次：	2022年10月第1次印刷
开　　本：	710mm×1020mm　1/16
字　　数：	160千字
印　　张：	14.5
书　　号：	ISBN 978-7-5158-3517-4
定　　价：	58.00元

服务热线：010－58301130－0（前台）
销售热线：010－58302977（网店部）
　　　　　010－58302166（门店部）
　　　　　010－58302837（馆配部、新媒体部）
　　　　　010－58302813（团购部）
地址邮编：北京市西城区西环广场A座
　　　　　19－20层，100044
http://www.chgslcbs.cn
投稿热线：010－58302907（总编室）
投稿邮箱：1621239583@qq.com

工商联版图书
版权所有　侵权必究

凡本社图书出现印装质量问题，请与印务部联系。
联系电话：010－58302915

CONTENTS / 目录

第一章 成为爆品的三大步骤

第一节 找对客户痛点 / 003

1. 痛点即需求 / 004
2. 如何找到关键需求 / 007
3. 用户的需求绝不止一种 / 014

第二节 挖掘产品核心价值 / 021

1. 企业的核心武器=产品 / 022
2. 核心价值≈独特价值 / 026
3. 产品核心价值最优解 / 032

第三节 引爆目标客户 / 039

1. 定位目标客户活跃区域 / 041
2. 精准引爆 / 044

第二章 爆品的五大要素

第一节　快速激发消费者的购买欲　/　056

　　1. 省钱　/　059

　　2. 安全需求　/　059

　　3. 健康　/　060

　　4. 时尚和潮流　/　060

　　5. 爱和社交　/　060

　　6. 个人发展　/　061

第二节　与时俱进　/　062

第三节　去同质化，拥有个性化特色　/　068

　　1. 打造商业化IP　/　070

　　2. 以上帝（用户）视角，进行产品个性化优化　/　071

第四节　让人眼前一亮的设计　/　074

　　1. 灵感来源于具体生活　/　076

　　2. 遵从人性，以人文关怀为结果导向　/　077

　　3. 注重结果调研和用户反馈　/　078

第五节　高性价比　/　080

　　1. 临界点定价法则　/　084

　　2. 利润持平法则　/　085

目 录

第三章 打造爆品的底层逻辑究竟是什么？

第一节　与品牌调性契合高 / 090

第二节　超体验感 / 095

 1. 美观性 / 097

 2. 易用性 / 098

 3. 便捷性 / 099

 4. 引导性 / 099

 5. 互动性 / 100

第三节　有一定的市场认知基础 / 101

第四节　不是物有所值，而是物超所值 / 107

 1. 提高显性获得价值 / 109

 2. 提高隐性获得价值 / 109

 3. 降低显性消费成本 / 110

 4. 降低隐性消费成本 / 111

第四章 爆品的中心和基点

第一节　中心：创造新品 / 116

 1. 聚焦创新起置点——用户选择 / 117

 2. 爆品创新三剑客：目标、体验、情境 / 120

 3. 横向置换策略 / 125

第二节　基点：客户导向、占领客户心智 / 131

 1. 全员占领，而非某个销售或某个部门 / 132

  2. 三维度定江湖：速度、完成度、满意度 / 135

  3. 共谋情感价值 / 139

|第五章|爆品的狂欢≠品牌的胜利

第一节 彩虹泡沫下的社交红利及性价比 / 148

第二节 如何延长短命爆品的生命期 / 153

  1. 整合优势资源 / 154

  2. 切入细分市场 / 158

  3. 构建"大单品"营销模式 / 162

|第六章|用"创思维"成就"爆款"

第一节 农夫山泉 / 171

第二节 江小白 / 178

  1. 产品设计：围绕年轻人的关键需求与饮酒偏好定制 / 181

  2. 价格：单价低，年轻人容易接受 / 183

  3. 营销和传播：受众定位年轻人，抢占年轻人的兴盛活动圈 / 183

第三节 三只松鼠 / 185

  1. 依托高质量供应链，持续打造高品质创新硬核新实力 / 186

  2. 打造品牌大IP / 188

目 录

  3．与用户的对话营销 / 189

第四节 元気森林 / 191

  1．瞄准年轻群体，时尚潮流化的产品呈现 / 192

  2．差异化产品定位，主打健康卖点 / 194

  3．线上线下强强联合，打造顶流爆品 / 195

第五节 完美日记 / 197

  1．大牌同厂，国货当自强 / 198

  2．出色品项创新，领跑彩妆新品类 / 199

  3．新渠道场景不断开发，个性化推广策略 / 200

  4．各个圈层全面营销，获取爆品高声量 / 201

第六节 王饱饱 / 203

  1．切中创新关键点，将用户痛点变成业绩增长点 / 204

  2．线上线下双渠道布局，形成强大的品牌势能 / 205

  3．传播覆盖多个平台，加快品牌建设 / 206

第七节 小米 / 208

  1．以单品爆款带动其他品类，联动式爆品革命 / 209

  2．重构全产业链，依靠互联网变现 / 210

  3．技术和设计最优解 / 211

  4．全球化拓展，新零售渠道变革 / 212

第八节 蜜雪冰城 / 214

  1．低端市场的高端玩法，最大限度降低成本 / 215

  2．大力推进加盟扩张发展，扩大体量规模 / 217

  3．营销思路上档次 / 218

第九节　每日坚果　/　220

　　1. 找到消费者的需求，主打健康食品　/　221

　　2. 找到行业痛点，以创新带动高品质多品类　/　222

　　3. 抓住互联网红利，线上线下双渠道布局　/　223

CHAPTER
01
爆 品 思 维

《 第 一 章 》

成为爆品的三大步骤

目前，我们可以看到互联网经济体下涌现出许多成绩斐然的独角兽企业，他们往往以爆品为发展驱动力，通过一款产品实现几亿元、几十亿元甚至几百亿元的业绩增长，成为细分领域中的龙头，甚至部分公司成为某一新兴产业的霸主。

譬如年营收超2000亿元的字节跳动、半年业绩突破8亿元的元气森林，以及在2020年"双十一"抢购中，成交额双双破亿元的完美日记及旗下新锐品牌小奥汀。

由爆品引发的一系列品牌崛起和大中小企业强势突围，以迅雷不及掩耳之势，正快速掀起业绩增长的发展风暴，他们成为笑到最后、真正意义上的大赢家。

这也从侧面说明了一个问题，在深度数字化传媒环境中，以"爆品带动品牌，以爆品带动媒介，以爆品带动口碑"的爆品战略，不仅具有可行性和发展性，还是一种具有未来性和推广性的前端商业战略。

"爆品成为企业发展第一战略"或将成为挈领企业发展的首要选择。

◀ 第一章 ▶
成为爆品的三大步骤

第一节　找对客户痛点

客户痛点是爆品战略和思维中的精准靶心。

打靶之前，射手眼睛是一定要看向靶心的，如果偏离靶心，命中率可想而知。在相同的射程范围面前，神射手往往不是技高一筹，而是看得更准。

苹果手机这个好射手，找到了客户"智能机操作烦琐"的痛点，抛弃了初代智能机复杂的键盘，设计出了仅有一个按键的手机，化繁为简，从而成就了一个世界级的手机品牌。

另一个好射手是优衣库，他找到了客户的"质量好得买不起"的痛点，将质量上乘的衣服以接地气的价格出售，从而成就了一个日本首富。

每个爆品横空出世的背后，都藏着对客户痛点洞察的敏锐眼光。而找到客户关键痛点，即破点，就能塑造出理想中的爆品，打破僵局，压制其他竞争对手的次位势能，建立起自主爆品的绝对优势。

可是，痛点究竟是什么呢？

1. 痛点即需求

需求大家都懂，衣食住行，工作、学习、恋爱、结婚、生子、赚钱……但凡是人，必有需求。

可以这么说，几乎每个人的需求里都有可供企业挖掘的爆品痛点。

而互联网中的产品和传统行业里的产品其实都是一样的，生产出的东西能满足客户的需求，就能拥有广阔的市场，反之，则会被市场淘汰。

好，既然知道了痛点连通客户的需求，可以再继续来缩小一下痛点的定义范围：痛点即未被满足的需求。能够被立即满足的需求不是痛点，而是爽点。

譬如有个人某天正想打游戏，同事就发来了游戏邀请，需求立刻满足了，爽不爽？爽！但这和打造爆品无关，顶多算是想法成真。

所以客户立即能被满足的需求不在考虑范畴，企业决策者和产品经理打造爆品时，所要考虑的是那些"尚未被满足的而又被广泛渴望的需求"，这才是爆品打造者要找的真正痛点。

值得一提的是，对于自己未被满足的合理需求，客户往往是含而不露的，他们要么是选择沉默，要么是根本说不清楚自己的需求究竟是什么。

第一章
成为爆品的三大步骤

这就像一个开着宝马或奔驰车的男人，会向别人介绍自己车子的性能好、品牌大，却不会直接说开宝马车或奔驰车很有面子，会让大家高看一眼。

而"很有面子"这样的需求点，如果不去深究的话，它会永远藏在客户的心里，无法让其他人感知。

正如福特汽车创始人亨利·福特所说的那样："如果我当年去问顾客他们想要什么，他们肯定会告诉我，一匹更快的马。"

所以，有时从产品经理或创始人的角度去探寻客户的需求，就像是将一只脚迈进深不见底的海洋，能感受到的仅仅是几立方的波涛，却无法感知到深达数万米的汹涌。

是的，客户的有些需求就是那么深邃，而我们会把这种需求叫作客户的隐性需求。

一般来说，隐性需求有以下4个特性：隐藏性、持续性、依赖性、转化性。

（1）隐藏性

隐性需求通常不是直接显露于表面的，而是隐藏在客户的显性需求背后，需要经过分析、挖掘、研究才能让其浮出水面。当然，隐性需求不是无源之水、无根之木，它来源于显性需求，而且往往与显性需求有着密切的联系。

（2）持续性

在某些前提下，隐性需求实际上是显性需求的延续。在某些特定情境中，一旦客户的显性需求得到满足，就会进一步提出自己的隐性需求。需要注意的是，两种需求的目的通常都是一致的，只是在表现形式和具体内容上有所差别而已。

（3）依赖性

隐性需求不可能离开显性需求而独立存在，倘若离开了显性需求，隐性需求也会随之消失。这里要注意的一点是：隐性需求的存在，更多时候是为了弥补显性需求的不足，它可以让目标或目的变得更加具体和完善。一般来讲，切中客户的隐形需求会扩大满足需求的阈值，帮助客户更好地实现心中所想，达成目标。

（4）转化性

隐形需求可以转化为显性需求，可以以用户的显性需求为基础，通过与用户交流、用户拜访、用户调查等外在形式，启发用户，激活用户动力，调动用户积极性，将隐性需求转化为新的显性需求。

从隐性需求的特性中，我们可以清晰地看出：与隐形需求相对的是客户的显性需求，但在两种需求相对的同时，它们又相生相息、相互依存。

相较于隐性需求的隐藏性，显性需求的特性则具有直白性和直接性，就像一个命令一样，带着必须要让大家知道的口吻。

倘若把这两种完全不同的特性落实在打造爆品上，你先要考虑抛弃的就是过于直白的需求，因为对此大家早已经知道了。

对于隐性需求，大家过去还不了解，目前也不知道，未来会不会了解还不好说，而你有可能成为第一个揭开它神秘面纱的人，而成为爆品的黄金点子，其实就藏在这些隐性需求里。

换言之，找到客户的隐性需求，在打造爆品的过程中的重要性

第一章
成为爆品的三大步骤

不言而喻。

打一个不那么形象的比方,隐性需求就像一个镇宅神兽,找到它,就能找到成功带动起整个产品的绝佳风水。

当然,还可以用另外一个更加稳妥又理性的词语来提升一下隐性需求的重要性,那就是:关键需求。

2. 如何找到关键需求

关键需求就像一篇文章里的重要主题,一份会议ppt里的重要事项,一座摩天建筑中的承重墙。

没错,关键需求的重要性不言而喻。

人们在对待一件重要事情的时候,往往会像对待一份重要的工作那样谨慎,永远把它放在日程列表或者工作清单的首位,甚至会写在便利贴上,贴在一抬头或者一眼就可以看到的位置,时刻提醒自己要第一时间完成。

那爆品打造者呢?

爆品打造者时时刻刻都在关注自己的爆品,像一个尽职尽责的老母亲一样,尽可能地关心并完善它。

但想要完美妥帖又滴水不漏地对待爆品,让爆品朝着羽毛丰满日益壮大的方向去成长翱翔,第一步不是竭尽所能地孵化它,而是先要找到它背后所隐藏的关键需求。

> # 找 到 它

这3个字听起来简单到令人无所适从,甚至有些营销PUA的味道，但做起来却比想象中更加复杂和细化。

对于客户来说，一般情况下，如果真让他们详细地聊一下自己的需求，那等待爆品打造者的将是一场冗长而不知重点的演讲。

是的，客户有本事找到一万个拒绝这件商品的理由，就能同时找到一万个购买这件商品的理由。

但是很显然，除了那唯一一个具有决定性的关键需求，其他的需求统统都是遮挡庐山真面目的云雾而已，如何拨开这些"伪需求"或者说是表面显性需求的云雾，看清庐山真面目，找到那一个至关重要的关键需求，才是问题的关键所在。

换句话说，能不能找到关键需求，意味着爆品打造者能不能做出符合客户心理关键预期，同时能够为企业带来巨大流量和利益的产品。

在市场日益被同质化产品覆盖和惯性化消费心理充斥的今天，用瞬息万变的极短时间，从千万种听起来有些无厘头的客户需求中，快速找到客户的关键需求。这个要求听起来就像让一个普通人一夜之间变成一位国际顶尖的创意大师那样困难。

这考验的不仅仅是爆品打造者的经验和眼光，同时还有对市场的敏感度和对客户心理的把握。

当然，如果上述这些条件无法全部具备的话，还有最后一个撒手锏，可以让你在短时间内拥有武力金手指，在商业硝烟中突围，那就是——学习找到关键需求的思路或技巧。

以下是如何找到关键需求的"干货时间"，爆品打造者们可以从以下途径中物色到适合自己的方法。

第一章
成为爆品的三大步骤

（1）进入真实情景，还原客户从购买到使用的过程

史玉柱曾在《史玉柱自述：我的营销心得》中向读者分享过这样一件事：

当初史玉柱在策划脑白金的过程中，特意跑到公园找晨练的老年人聊天，在聊天时他得到了一个关键信息：老年人对他的产品很感兴趣，但普遍不舍得买，而是希望自己的子女买给他们。

史玉柱按照这个思路，重新规划当初的营销策略，把原本做给老年人看的广告稍加改动，变成了做给老年人子女看的广告，结果让脑白金大获成功，迅速成为当年当之无愧的"大爆品"。

史玉柱在分享自己成功打造爆品经历的同时，说了一段令人深思的话，他说，用户的关键需求往往是心理需求，而不是停留在表面的需求，想要发现客户的真正需求，起码要下一番苦功夫。

通过这个案例不难看出，对于一个爆品打造者来说，让自己以消费者的角度，进入到一个特定的消费情境中，还原消费者从购买到使用的过程，能够快速感知到消费者的心理，从而更加客观、清晰地看到消费者的关键需求。

史玉柱就运用了这个方法，以消费者购买情境作为关注和思考的切入点，了解到目标客户的关键需求，把"谁在用？"和"谁会买？"这两个命题成功剥离，找到了脑白金真正的购买客户——老人的子女，从而打开了营销局面，让产品的爆火变得顺理成章。

另一个值得一提的案例是美图秀秀。

其实在美图秀秀运营之初，它的产品定位是基于Photoshop的模仿和简化。对于大众来说，美图秀秀只是一款比较容易上手的美

图工具，专业度和成片效果都不如Photoshop，简易程度又比不上手机自带的图片编辑功能，这导致美图秀秀的定位有些尴尬，一直很难与同类产品相抗衡。

后来美图秀秀在运营过程中发现，他的大部分使用者为年轻女性，这些女性在使用时更偏向用美图秀秀去美颜修饰自己的脸和身材。

这一发现给了美图秀秀很大的启发，他们迅速升级了产品定位，将美图秀秀打造成了一款美颜功能出色的修图软件，顺势推出了一键美颜的功能，这个功能受到了很多女性的追捧，美图秀秀的下载量也节节攀升。

美图秀秀并没有止步于此，它在"女性需要自己的照片变得更漂亮"这个关键需求上大做文章，随后推出了美颜相机，不用做任何修图程序，直接拿起手机打开软件自拍，就会拥有一张漂亮的照片。一时间，美图秀秀连同美颜相机火得一塌糊涂，而美图秀秀也完成了由一般产品到爆品的飞跃。

如果说，史玉柱的案例是还原了消费者的购买情境，那美图秀秀的案例则很好地还原了消费者的使用情境。

无论是还原购买情境还是使用情境，都需要注意一点：对用户关键需求的把握和捕捉，需要在日常生活、真实情境中不断地去观察和揣摩，然后放到人和产品的交互里去，最后用心地挖掘出用户真实的消费动机。

（2）从分析关键需求的来源入手，用数据说话

所有的需求都来源于客户，关键需求也不例外。

第一章
成为爆品的三大步骤

就像客户渴了,如果面前正好有一款解渴的饮品,客户就愿意去消费购买一样,需求的发起者是客户,关键需求的来源也永远是客户。

如果把关键需求的来源渠道做一下细分的话,大致可以分为两个方面:

> 1. 主动发现类需求
> 2. 被动接受类需求

先说主动发现类需求,从名称中比较好理解,主动发现类就是运用各项调研和数据分析手段,全角度多维度搜集用户需求各项信息,打破需求模糊僵局,找到客户需求的平衡点,借此发现客户的关键需求。

获取主动发现类需求主要有以下渠道:用户调研、用户反馈、数据分析、竞品分析、行业调查等。

用户调研

优点:

△能够快速了解客户,以及快速了解客户背后的关键需求

△有助于关键需求的落地分解

弊端或误区:

△用户调研不等于用户访谈

△用户访谈只是用户调研的一种形式

△把个体用户当成整体客户

△试图说服客户

△过度依赖调查问卷

如何进行用户调研：

△明确调研的背景和目的

△选择目标客户

△分析目标客户和可能出现的问题

△准备完整调研内容

△实施调研

△总结报告

△落实

用户反馈

优点：

△能够快速分析出产品是否符合客户期待

△能够及时了解产品是否在包装、易用性和功能方面存在缺陷

△可作为新产品的策划参考依据，节省了不必要的调研步骤和人力财力损耗

收集用户反馈的渠道：

△公开渠道。比如开放式的社交平台，各大应用平台等

第一章
成为爆品的三大步骤

△半公开渠道。比如朋友圈／微博／空间，带有个人化色彩但允许外人访问的空间及平台

△内部渠道。比如用户投诉、客户留言、客服咨询等

数据分析

优点：

△能够为决策提供宏观及微观的数据参考

△避免了主观分析带来的误差

△较少受到人为干扰

△有利于数字营销的渗透

弊端或误区：

△需要较强的技术支持或第三方辅助

△结果抽象概括，不容易直接落地实施

竞品分析

优点：

△开阔产品视野

△跟随榜样力量，有助于完善产品发展方向

△结果可视化

弊端或误区：

△避免抄袭

△产品同质化严重

△容易陷入产品自我复制和互相模仿

常用的竞品分析框架及方法：

△分层分析法

△波士顿矩阵法

△SWOT分析法（态势分析法）

△商业画布

行业调查

优点：

△能够快速了解消费者潜在的购买需求和关键需求

△能够了解行业情报，收集行业相关资料

△能够了解当前市场动态，及时调整发展方向，避免营销"踩坑"。

△为品牌宣传助阵

弊端或误区：

△调查时间跨度长

△耗费大量时间精力金钱，成本代价差

△市调或研报存在一定的局限性

3. 用户的需求绝不止一种

你无论是用了代入情景法还是数据分析法，完美地搜集完客户

第一章
成为爆品的三大步骤

需求后,就会发现一个让人措手不及的问题。

你会惊讶地发现,用户的需求根本不止一种,而且即使用户亲自给出了自己的需求,但用户说的和做的却大相径庭。

索尼公司就曾经发生过一件有趣的事情。公司曾经推出过一款游戏机,邀请目标用户前来进行访谈,公司拿出了两款游戏机供用户选择,一款是黑色的,另外一款是黄色的。当访谈开始时,索尼最先提出了一个问题,"你更喜欢黄色还是黑色呢?"绝大多数用户选择的是黄色的那款游戏机,但当访谈结束,索尼作为答谢将游戏机送给用户时,神奇的一幕发生了,大多数用户都拿走了那款黑色的。

很显然,用户有的时候会"口不对心",原因也很好理解,当人们在面对一个毫无准备的问题时,他们往往会靠直觉回答问题,但经过深思熟虑之后,做出的行为却是另外一个。

可以说,用户在表达自己需求的时候,因为一些原因使用了很多障眼法,所以用户的需求看起来就像被半埋在沙堆里的彩色弹珠一样,五花八门,多如牛毛,有的还闪着让人着迷的光泽,但真正挖出来的却和之前想象的完全不一样,让人实在读不懂究竟哪个才是客户的关键需求。

别着急。无论进行面对面的访谈也好,还是进行市场调查也罢,搜集客户的需求只是第一步,这就像发现了一座取之不尽用之不竭的金矿,距离精析提炼出黄金,只有一步之遥。

而那些闪闪发光、璀璨夺目的黄金,就是客户最真实的关键需求,其余的矿石杂质则是客户的一般需求。

从金矿中完完全全地析出黄金是个技术活，从一般需求中提炼出关键需求也是一样。

市面上的爆品大多都是经过头脑风暴后，提炼了用户关键需求这一黄金，才拥有了爆火冲顶的可能。比如说长期稳居天猫麦片销量第一的王饱饱，在发现年轻消费群体"爱吃又怕长胖"这一个关键需求之后，研发出了营养均衡、口感好、"非膨化"的麦片，仅用一年时间，就打败了老牌桂格、西麦，成为麦片市场的爆款。

进行头脑风暴虽然高效有创意，但却有一定的误差，要想提高找到客户关键需求的效率和精确度，可以借助一个好用的框架模型分析法——KANO模型分析法。

此模型分析法的发明者是东京理工大学狩野纪昭教授，相信他发明KANO模型的时候已经预测到了，找到用户的关键需求，对一个爆品打造者来说是多么令人伤脑筋，又是多么棘手和重要。

KANO模型的优势在于，它从客户的接受优先级角度，将客户的需求集中在一起，然后细分为了三个层次的需求：基本型需求、期望型需求以及兴奋型需求。这就给爆品打造者大大节省了分析提炼客户关键需求的时间。

（1）基本型需求

此需求是指用户对企业提供的产品或者服务的最基本的需求。

（2）期望型需求

此需求是指用户对产品或服务的满意度与需求的满足程度成比例关系的需求。

第一章
成为爆品的三大步骤

（3）兴奋型需求

此需求是在基础需求的基础上，提供让用户出乎意料的产品属性或服务，使用户产生对产品或服务的惊喜。

这三个层次的需求是从客户的角度出发，依据优先级依次递进，而为了契合用户的不同层次需求，在设计产品或提供服务时，按照用户的需求实现程度和用户满意度这两个纬度，又将产品或服务属性细分为五大属性。

这五大属性分别是必备属性、期望属性、魅力属性、无差异属性、反向属性。

（1）必备属性

当优化必备属性时，用户满意度不会得到提升；当不提供此需求时，用户满意度则会大幅下降。

比如一款主打保温功能的水杯，保温就是它的基本功能，也是必备属性，用户对这个功能的存在无感，但如果这款保温水杯并没有任何保温效果，那用户的好感会大打折扣，甚至根本不会多看水杯一眼。

（2）期望属性

当提供期望属性时，用户的满意度会提升；当不提供此需求时，用户的满意度会降低。

比如一款健身便携式收纳包，用户期望收纳包具有干湿分离的夹层口袋，这样就能够把湿毛巾湿衣服、干毛巾干衣服分开收纳。如果收纳包有干湿分离设计，用户的期望得到了满足，满意度会上升，如果没有此设计，用户的期望落空，满意度则会下降。

（3）魅力属性

用户完全想不到的、能够提升产品魅力的属性。如果不提供此需求，用户满意度维持原状，不会降低，但当提供魅力属性需求时，用户满意度会升高。

比如一家口味中规中矩的菜馆，在原有口味的基础上，增加了爆火的网红口味，食客在口味上有了更多选择，食客的满意度增加，间接提升了菜馆的魅力值和回头客的数量。但如果不增加新口味，食客的满意度则没有任何变化。

（4）无差异属性

无论提供还是不提供无差异属性，用户的满意度都不会发生任何改变，此需求是用户根本不在意的一类需求。

比如一款听歌软件，提供了歌单字体调节功能，用户在听歌的同时，并不会在意歌单字体是楷体还是仿宋，所以增加了此功能后，用户的满意度不会发生任何改变。

（5）反向属性

用户根本没有这种需求，当产品出现满足这种需求的功能时，用户的满意度会大幅度下降。

比如一款扫地机，设计了充电5分钟后自动断电功能，5分钟充电时间根本无法支撑扫地机清扫完全屋，这个功能对产品的推广来说起了反作用，可想而知客户的满意度会大幅度下降。

按照用户三个层次的需求，以及产品或者服务的五大属性，我们可以将它们一一对照，标识出每个需求背后的指向属性。

第一章
成为爆品的三大步骤

> 基本型需求·必备属性
>
> 期望型需求·期望属性
>
> 兴奋型需求·魅力属性

所以，在打造爆品时，想要提炼用户的关键需求，提升用户的满意度，应把关注点放在产品或服务的必备属性、期待属性上，同时最大化追求魅力属性，尽量避免无差别属性和反向属性。

但此时又会出现另一个新的问题，即使把用户的需求用科学模型做了详尽的分类与分析，却仍然不可避免地出现多重需求，需要爆品打造者对需求进行筛选，对关键需求进行最后抓取。

这时，就可以将四大需求价值纬度作为考量标准。这四大价值维度分别是：

（1）广度

该需求的受众面大不大？是属于小众需求还是大众需求？

（2）频度

用户对该需求的使用频率，是以年、月、周还是天为周期？

（3）需求强度

用户对该需求的需求强度有多大？是特别需要还是一般需要？

（4）符合度

该需求是否符合客观条件、实际情况或者是当下环境？

如果有一个需求在4个价值维度中得分亮眼，并且完全符合KANO模型的需求优先级与客户接受度，恭喜你，你已经找到客户的关键需求了。

而现在,爆品打造者即将进入下一个重要阶段——做出一款符合客户关键需求的产品。

◁ 第一章 ▷
成为爆品的三大步骤

第二节　挖掘产品核心价值

不过,当你运用各种手段和科学模型,真正找到客户的关键需求,请先不要欢呼雀跃。

因为无论客户的关键需求多么具体且实际,甚至有时细腻得像一幅工笔画一样,连最容易让人忽略的细微之处都被一板一眼地勾勒出来,但那始终只是一幅画而已,只能挂在墙上或摆在桌上进行欣赏或参考。

最后,客户的关键需求永远是需要落实到产品和服务上,爆品才最有可能被真正孵化出来。

常有人争论产品和服务谁先谁后的问题,比起服务,产品才算得上是强势出圈的先驱,服务只能算紧随其后的助推器。

就像小米,先有小米1这个产品作为品牌爆品思路的主打,而小米1后续提供的维修服务、三保服务等一系列服务,都是基于小米1

为战略先驱的基础上。

另一个孵化爆品的重要因素就是时间。

爆品出现的时间也不是千篇一律的，大致分为两种情况：一种是投入市场之初表现并不亮眼，甚至是平平无奇，泯然众产品矣，但在用户使用过一段时间之后，好评如潮，产品也随之强势出圈，成为爆品。另一种是一开始就备受瞩目，成为当之无愧的爆品，在众多同类商品中傲视群雄，一直笑到最后。比如三只松鼠、钟薛高，就是推出既高光时刻，自带爆品皇冠。

比起前者需要经过时间沉淀和人气积累才逐渐崛起的产品，一款从构思和生产之初就是爆品的产品，无疑是天选之子，无论是从节约时间和成本的角度，还是从商业战略角度，让自己的产品一开始就作为爆品站在峰顶，才是爆品打造者最终追求的理想境界。

可怎样在产品上做文章，才既能准确无误地切中客户的关键需求，又能让自己的产品从投放市场的第一天就能成为万人空巷的爆品？那就是最大化地挖掘产品背后的核心价值。

1. 企业的核心武器 = 产品

如果把"爆品"两个字进行单独拆解，"爆"在百度汉语中序列第1的解释是猛然炸裂，而"品"在百度汉语中序列第1的解释是物品、商品、产品的意思。

把两个字的意思连起来，实际上就是一款在市场上拥有猛然炸裂超体验表现的产品。

无论是从单字的字面意思还是词语的深刻意义中，可以读出一个关键讯息：产品实质上就是企业的核心武器，也可以反过来倒

第一章
成为爆品的三大步骤

推，企业的核心武器就等于产品。

这里不得不提一提周黑鸭，吃过周黑鸭鸭脖的食客都对鸭脖的"甜辣"口味记忆犹新。它们的鸭脖有辣和不辣两种口味，曾有消费者这样形容两种口味"浓妆淡抹总相宜。"辣和不辣的口味都很好吃。

虽然卤味有上千年历史，但周黑鸭往前深耕了一步，挖掘出辣卤层次丰富的甜辣口味，并将甜辣口味作为自己产品的核心价值，借此俘获了众多消费者的味蕾，就此出圈成为爆品。

不满足于主打产品鸭脖、鸭锁骨，周黑鸭相继又推出新款产品去骨鸭掌、鸭郡把、鸭肠等，另外还推出了川香藤椒及宝藏山胡椒系列等。随着周黑鸭每推出一次新品，这个品牌就会小小爆火一次，在独特口味的加持下，新的产品不断更迭让品牌散发出耀眼生机。

以上案例说明一个显而易见的问题：当一个企业把产品当作不可替代的秘密武器，不断按照用户的关键需求去调整产品的调性，让产品给用户带来超越一般商品的体验和价值，让用户无上限地去认可产品、购买产品、拥戴产品、回购产品，就能快速地打开市场的火爆局面，轻而易举地创造出同行难以企及的爆品。

可口可乐就是一个很好的例子。曾经可口可乐的董事长把产品配方锁进了银行的保险柜，这种对待产品滴水不漏的严谨态度，已经把产品上升到了一种战略秘密武器的高度，在产品上精益求精，严阵以待，所以可口可乐盛行多年不衰，是百年难得一见的大爆品。

但目前对于很多企业来说，可能是因为急于求成心态，抑或是因为来自成本和投资的各种压力，从生产产品之初就陷入一种怪圈和误区，他们一直把目光的焦灼点定格在一个问题上：如何把产品卖给别人？

打个不那么恰当的比喻，这种状态就像是一只不停追逐自己尾巴的猫咪，一直在原地转圈，而无法前进半步。

只是有所不同的是，猫咪一直在盯着自己的尾巴，忽略了前面数十只蠢蠢欲动的老鼠，而这些企业则是一直盯着"如何去营销""如何去传播""如何占领消费者认知"，而忽略了数千万甚至上亿的能够一战成名的产品价值。

要知道，"更多更好地卖给别人"只是所有企业一个终极目的地，可以把它在商业地图上标记出来，然后画好路线即可，不用时刻反复地去琢磨它和多方面地研究它，除非你想换一个目的地。

那么目的地有了，接下来该怎么办呢？

显而易见，你需要一辆驶往目的地的列车，而这辆堪比火箭速度的超级列车则需要用产品作为零件去搭建制造。

产品外观设计、产品价值、产品核心价值这三者就像是列车中的底盘、发动机、方向盘一样，拥有了它们，你才能够在商业版图上自由驰骋，最终达到自己规划之初想要驶往的目的地——产品大卖。

既然说到营销，或许有人会反问："如果不去思考如何卖产品，产品怎么可能会大卖？"

◄ 第一章 ►
成为爆品的三大步骤

> 有这样疑惑的人可以反过来问问自己这样两个问题。
>
> 1. 如果营销做得十全十美,产品却不尽如人意,用户回购的概率有多大?
>
> 2. 只会卖货只会营销的企业,在竞争激烈的商场上又能走多远?

实际上,这里讲的重视产品价值并非完全抛弃营销,只是将打造产品价值作为发展爆品的基础。

营销在打造爆品的过程中当然也是不可或缺的,假如产品是一辆列车,营销实际上是列车的铁轨。只有列车没有铁轨,列车寸步难行;只有铁轨没有列车,铁轨完全没有用武之地,只是一堆废铁而已。

而把产品这列超级列车做到极致优秀的企业家有很多,如乔布斯和贝佐斯。

乔布斯在苹果上的创新与价值挖掘,和贝佐斯在亚马逊上的倾注与深入打造,可谓有着异曲同工之妙,他们对自己产品的完美主义与执着,也是引领两大品牌历经几十年而不衰的秘诀之一。

贝佐斯曾经有一句很经典的话:置身于令人十分感兴趣的事情中,让潮流来追逐你。

贝佐斯短短一句话道破天机。

真正的企业家从未停止过在产品上的创造和完善,他们的着眼点不是迎合潮流,而是让自己的产品引领潮流,从而掌握潮流,最后创造属于自己的时代潮流，别人可以跟在自己身后不停地去模仿，但从来无法超越，更无法和自己所创造的辉煌相提并论。

当然，很多中小企业在目前的资金流向和现实发展压力面前，无法像这些大企业一样在产品上做到面面俱到、事无巨细、全面开花，最多只能着重扶植产品中的一个方面，即使花费全部人力、物力、财力，也只能突出自己产品的其中一面，而非所有。

既然如此，对于中小企业来说这也不失为一个发展思路，因为无论产品有多少面、多少功能、多少价值，博人眼球的只有一个：最优秀且最独特的价值。

2. 核心价值≈独特价值

要想弄明白究竟什么是产品最优秀且最独特的价值，先考虑这样一个问题。

一个女士手提包，为什么价格跨度能从十几元到几十万元不等？

比如说爱马仕有一款柏金钻石包，售价高达190万美元，这似乎大大超出了正常人的想象。很多人听到价格后或许还会心有余悸，这是把一套房子背身上了？

而拼多多上的某些杂牌包，最便宜的甚至只要十几元钱。

很多人只关心价格到底是多少，自己究竟有没有能力拿下它，可能压根没有思考过藏在价格背后的门道是什么，如果有人想弄清楚其中的原因，特意跑去问生产手提包的企业。无论价格多少，是便宜还是昂贵，是小镇作坊生产的还是供货全球的大厂制作的，生产厂家都会非常自豪地说出自己生产的手提包是同类产品中最好

第一章
成为爆品的三大步骤

的,并且能详细地列举出自家手提包的各种优点,比如选取了上等的头层牛皮、缝制工艺是最先进的,包上的金属扣和金属链都是真金电镀等。

他们口中的"好",大部分是产品的优点,当然他们在向别人介绍自家产品的时候,往往会选择对缺点视而不见,而这些被企业津津乐道的优点,正是产品的价值所在。钻石包有钻石包的价值,杂牌包也有杂牌包的价值。

每一个产品都有价值,就像每个人都有自己的闪光点一样,这是无可厚非的。但不是每一个有价值的产品都能够成为爆品,这就像不是每个人都能成为好莱坞的大明星一样。

实际上,价值看似虚无缥缈,但往往有一个固定而实用的承载体,手机的价值是能够通讯联系,简单说就是能打电话,和朋友、同事、家人在网上交流等。

儿童电子游戏机的价值是能玩电子游戏,简单说就是进行娱乐。

产品的价值最能体现在它的核心价值上,而爆品的价值则体现在它的独特价值上。

这就像一颗钻石,拥有多高的价值要看它的切面工艺,一颗受欢迎的钻石,大部分都是圆形明亮式切工。

如果你还不能很好地理解价值、核心价值、独特价值之间的关系,可以先把果园里一颗成熟的苹果想象成一件产品。

苹果1号:能吃。

这是普通产品。

苹果2号:好吃

这是不错的产品。

苹果3号：像芳醇蜂蜜一样甘甜，极致好吃。

这是爆品。

从一颗苹果的例子我们不难看出，找到产品的价值意味着这是一款可以投放市场的产品，找到产品的核心价值意味着这是一款不错的产品，找到自己的独特价值并将独特价值最大化，就像把苹果独特的甜味发挥到极致，才能够成为爆品。

你当然也可以这样理解：

产品的核心价值 ≈ 爆品的独特价值

核心价值 ≈ 独特价值

当明白了打造爆品首当其冲是需要找对产品的独特价值，那么，产品的独特价值究竟包括了哪些内容？又是什么决定了产品的独特价值？

实际上，不同的产品是有不同的独特价值的，比如说1个马桶和1个电加热饭盒的独特价值不能混为一谈，1杯奶茶和1件男士内衣的独特价值也是南辕北辙。

产品的不同种类决定了产品不同的独特价值，不仅是种类，不同的品质、用途、功能、包装设计、售后服务等一系列和产品相关的因素，都有可能成为产品的独特价值。

如果用一个比较好理解的词语去替换产品的独特价值，可以顺理成章换成"卖点"两个字。

第一章
成为爆品的三大步骤

说到卖点，通俗的解释就是别家产品没有，而只有自家产品能够提供给消费者的东西。

品质最高，精工制造，高档大厂出品，别的产品根本比不了，这是卖点。

价格最低，全网最低价，别的平台做不到，这也是卖点。

服务最周到，能照顾到绝大部分顾客的需求和感受，服务体验感优越，赶超别家的服务一大截，这还是卖点。

品种最全，小到锅碗瓢盆，大到家具家电，不用转换消费平台，一站式消费，满足生活所需，瞬间秒杀其他生活类消费平台，这依然是卖点。

……

打造爆品实际上就是在结合顾客关键需求的前提下，去发现并不断打磨提炼产品的卖点或优势，给顾客找一个无法拒绝购买它或者使用它的理由。

讲一个流传许久的婚恋反转小故事，会让人更加清晰地理解产品卖点思路。

一位男士刚进入大城市，任职一所辅导学校老师，就暂且称呼他为A老师。一次，A老师在上班的途中，刚进电梯就看到一位高挑漂亮的美女，于是心动不已，决定追求她，可当他了解到这位美女的背景，不禁犯了愁。

原来，这位美女是当地一位知名的电视台气象节目主播，因为工作能力突出、外表靓丽，有很多成功男士在追求她，其中不乏当地文艺界名人、公司老板和富二代。

其中有两个追求者的攻势最为热烈，一个是互联网公司的老板，另一个是父亲身家过千万的富二代。

A老师深知自己无论在财力还是能力方面，都比不上这两个竞争对手，但他并没有放弃，而是先把自己的优势列在了一张纸上。比如，比起公司老板，他的工作清闲，富裕时间比较多；比起富二代，他踏实忠诚，无不良嗜好，消费节制等。

之后他就将自己的优势告诉了中间人，让中间人帮自己牵线，又用空余时间接送美女主播上班，巧妙地在美女主播面前展现自己的优势。

美女主播原本不想选择A老师，经过和A老师的相处和听过中间人的建议，又对比工作繁忙、见不到人影的企业家和浑浑噩噩又比较花心的富二代，她改变主意，选择了和A老师在一起。而A老师最终利用自己的优势，击败公司老板和富二代，和美女主播迈进婚姻的殿堂。

在这个故事中，如果把美女主播置换成用户的话，可以清晰地看到，打造产品成为爆品的根本所在就是：让用户清晰而具体地感知到产品的卖点或优势，用户为了获得这种优势或占有产品精彩的卖点，愿意放弃其他同类产品，只选择你。

另外要说明的一点是，在经济学中还有一种效应叫作独特价值效应。

独特价值效应的具体解释是：当购买者对产品的卖点，也就是某种产品区别于其他产品的特色评价越高，那么购买者就会对价格变得不那么敏感。

第一章
成为爆品的三大步骤

比如说，在LV刚进入中国消费市场之初，火爆了很长一段时间，因为很多消费者都愿意花相对高的价格，放弃其他品牌，选择购买LV的包。

消费者看中的实际是LV标志设计的醒目又惹眼这一特色，在同类奢侈品中几乎一眼就能看到，这属于LV品牌的独特价值，也成为区别于其他品牌包的撒手锏。

所以，爆品打造者在构思自己的产品之初，可以根据独特价值效应，认真思考以下5个问题，并给出在自己能力范围内的具体答案，达到事半功倍、有备无患的目的。

> 1．与同类竞争产品比较而言，本企业的产品都有什么特色？哪一种特色最难被其他产品复制和推广？又是哪一种特色最容易被其他产品模仿？
>
> 2．顾客在挑选产品时，最关心的产品特色是什么？
>
> 3．顾客如何评价本企业产品的特色？是好评比较较多还是感觉普通，认为不如其他企业的产品惊艳？
>
> 4．如何增强顾客对本产品特色和卖点的理解？
>
> 5．如何持续地利用产品特色，增加顾客的回购率和缩短回购间隔？

当你完全清楚这5个问题的答案，并对你的产品有一定把握时，你已经找到了产品的核心价值。

然后，你需要巧妙地、不着痕迹将它转换成产品的独特价值，那你的产品就会大概率地转换为颇受欢迎的爆品。这是你努力之后的意外之喜，但同时也迎来了另外一个挑战：

如何让你的用户和你一样，能够第一时间惊喜地发现你的产品独特而又令人眼前一亮的魅力，并决定要买下它？

3. 产品核心价值最优解

在深入分析这个问题前，首先来思考1个问题：

商场里有一台电风扇，如何在最短的时间内让消费者对这款电风扇产生购买欲？

相信当看到这个问题的时候，会有无数种可行的解决方案划过思考者的脑海。

好，现在来公布答案。

答案分为两个步骤：

第一步：把商场卖电风扇的区域冷气温度调高

第二步：打开电风扇的最高档开关

你发现了吗？

整个解决方案中没有任何营销人员参与，全程不耗费一句废话甚至一个字，却能够迅速且直观地让消费者感知到电风扇的核心价值：降温消暑。

是的，一旦消费者真切地感知到电风扇存在的意义，那他购买的可能性从2%升到20%，甚至飙至200%。

这不是乐观预测，而是来自一个消费者在社交平台分享的亲身经历。

有一次，这位消费者来到某商场购物时，感觉又热又燥，突然

第一章
成为爆品的三大步骤

一阵凉风吹来，一时之间让他全无暑热、沁爽舒适。他抬头一看，是一台在售电风扇正在工作，他在电风扇下面停留了大概5分钟左右，然后就迅速买下风扇带回了家。

后来消费者再去商场购物时，发现一个有趣的现象，卖电风扇的区域冷气开得总是不那么足，而且这片区域正巧处于商场最不通风最闷热的位置。因为这个原因，这家商场的电风扇销量奇好。

从这位消费者的亲身经历不难看出，如果一件商品让消费者快速地找到产品的核心价值，那么消费者的购买欲望就会大大增加。简单说，想要让用户买产品，需要先给用户一个非买不可的理由。

这里可以引申出产品核心价值最优解，那就是最大限度地让用户感知到产品的核心价值。

这是爆品思维中一项巧妙的任务，同时也是最能挖掘产品横向覆盖象限以及纵深发展潜力的好时机。

错过它，将意味着错过成千上万甚至上亿次的发展机遇，未来想要从营销或者是渠道中找回来，绝非易事。

既然涉及产品的价值，再说可行方案之前，还需要捋清一个万万不能被忽略的问题：能有资格跻身爆品流水线的产品，究竟应该具备哪些价值？

使用价值

主要是指实体商品的功能、性价比等能被用户通过具体操作或通过数据对比而获得的价值。

比如一台网红摄像机具有自拍连拍、防抖拍摄、边录边充功能，这些功能就是它的使用价值。

心理／精神价值

主要是指虚拟产品、服务类产品售后以及附加在产品背后的情绪导向价值。

比如在德云社听相声，获得了开心愉悦的情绪，这是听众／消费者付费买门票之后，获得的看不到也摸不到的"产品"，能够给听众／消费者带来相应的积极的情绪价值。

附加价值

主要是指除了基本价值之外，能够提供超出正常价值范围的、存在溢价空间的价值。

比如说微信附加的价值就是朋友圈，而淘宝的附加价值就是海淘直播等。

对于一般产品来说，要么是具备使用价值，要么是具备心理／精神价值，要么是二者都具备，除此之外还有少量或适中的附加价值。

而对于一款爆产品来说，在具有一般产品的价值水平基础上，又同时拥有一个能最大程度让用户记住、可以单独提炼作为保持用户黏度卖点的核心价值。

核心价值的存在会在维持使用价值和心理／情绪价值原有水平的同时，大大提升爆品的附加价值，让爆品具有其他产品无法匹敌的强大价值内核和不可替代性。

但具备相应的价值只是让产品成为有潜质成为爆品的产品，就像满桌子让人垂涎欲滴的菜肴，色、香、味都有了，可它们摆在餐桌上是无法真正发挥作用的，只有说服食客，让食客愿意主动拿起

◀ 第一章 ▶
成为爆品的三大步骤

筷子，将它们夹起来送进嘴巴里，才能让这些美味的菜肴和味蕾相遇，产生终极反应，从而让食客赞不绝口。

这个过程听起来有点像是劝人吃菜，当然你也可以这么理解。

你完全可以把劝人吃菜的步骤和打造爆品的过程相类比，从而更深入地去理解每个环节。

在餐桌上，你会发现每一个合格的东道主都充当着说客、美食品鉴师、朋友等角色，而在打造爆品的过程中，每一个爆品打造者其实也在充当着说客、产品体验师、朋友等角色。

为了达到宾主尽欢的目的，东道主往往会十分热情地向宾客描述菜肴的特色、制作过程、用到的顶级食材，从而让宾客食指大动，产生非尝不可的冲动。

而为了达到产品大卖的目的，爆品打造者则会运用以下3个方法，让用户对产品产生期待与激情，就像前面所说的，产生一种非买不可的冲动。

现在，还是依然用"劝人吃菜"这一好客举动作为类比案例，一一拆解具体步骤，揭秘打造爆品的这3个终极爆品秘籍。

（1）设置具体场景，创建亲身体验

面对迟迟不肯动筷子的客人，东道主一般不会把一盘子菜肴"哗啦"一下子全部倒进客人的碗中，而是会这样说，"试试""先尝一口，看看味道怎么样"。

这样劝人吃菜是非常有效果的，让人先试吃一小口亲身体验，这比语言更有说服力。

没错，说得天花乱坠不如让别人亲自尝试。食客在拥有一个体验机会之后，即使菜肴没有想象中那么惊艳，但因为刚刚熟悉了菜肴的配方和味道，依旧会自然而然地把菜肴列入备吃名单中，大大增加下一次动筷的概率。

而在打造爆品的过程中，很多爆品打造者往往会提供试用或者试吃小包装，找机会以赠品或者是试用品的方式派发给用户，比如母亲牛肉粒在商场做活动时，会专门准备配备试吃小包装，类似的还有君乐宝简醇酸奶。

与此相关的促销场景还有很多，无法做成试用装和试吃装的产品，也可以设置成为具体的场景，引导消费者进行体验，增强产品在消费者心目中的印象，让消费者感知到产品的价值。

比如海尔洗衣机经常会在零售端开展"高端衣物洗涤"体验，宣传"空气洗"的使用效果。

设置具体场景，创建亲身体验的好处是能够增强用户对使用价值的印象和感受，提供愉悦的心理价值。

而想要通过设置具体的场景化营销，让用户感受产品价值，需要企业先从用户角度出发：了解消费者的购买场景、使用场景以及购买前后的心理场景，然后让产品的功能需求化、让产品的体验具体化、极致化。

（2）将价值判断权交还给用户

优秀的东道主在菜上齐之后，并不会大肆鼓动客人去品尝，而是会把这盘菜端到喜欢客人面前，让其大快朵颐。其他人看到这一幕，会对菜肴产生强烈的兴趣，当菜肴转到自己眼前时，就有一种忍不住下筷的冲动。

第一章
成为爆品的三大步骤

这样做的好处是，以一部分人的主动带动其余的人进行行动，类似于"羊群效应"。

拿一点点奶茶店举例。有人经过时，通常会看到一点点奶茶店门口总是排着长长的队伍。

虽然没有进行广告营销，但排长队这一场景会加深人们对奶茶店广受欢迎的印象，从而感知到奶茶店的价值，为消费埋下伏笔。

在将价值判断权交还给用户之前，首先要搞清楚用户究竟是如何判断的。

我们可以走进用户的生活去调研，或者通过大量案例了解消费者的消费理念和消费心理。

（3）发布具体而无法令人拒绝的消费命令

还有一部分东道主在餐桌上爱用祈使句和命令式语气，他们往往会这样说：

"老李，你平时工作用眼多，这盘羊肝专门为你点的，今天不光盘不许回去哦。"

"老张，听说你爱吃辣，这盘水煮肉特别正宗，绝对符合你的胃口，我们都吃不了，还是你包圆吧。"

当用了命令式的语气后，会让被指派的人产生一种使命感，出现类似"我不吃谁吃？"的强烈完成念头。

其实这种发布命令的方式也可以嫁接在打造爆品的过程中。

> 饿了吗：
> 饿了别喊妈，就叫饿了么。
> 六个核桃：
> 经常用脑，多喝六个核桃。
> 香飘飘奶茶：
> 小饿小困，就喝香飘飘。

实际上，企业在向用户发布具体的消费指令时，其实是在通过传播渠道或者媒体广告向用户传递消费命令，告诉用户应该在什么情况下选择我。当出现类似场景时，用户脑海中就会不由自主地把产品作为第一选择。

综上所述，设置具体场景，创建亲身体验；将价值判断权交还给用户；发布具体而无法令人拒绝的消费命令，集合成为产品核心价值最优解，能够有效提高打造爆品的效率，并最终将产品的核心价值落实到产品销量上，形成良性循环。

第一章
成为爆品的三大步骤

第三节　引爆目标客户

无论哪一种颇具卖点又能满足用户需求的爆品，最终都要售出，才能够完成自己的终极使命。

这就好似一棵大树长在田野里，再有价值也只是一棵与人毫无关系的大树，即使它再茂盛再粗壮，对于任何人来说也毫无意义。

可是对于树来说，当它被制作成了产品之后，便与人有了更为密切的互动。但产品是没有眼睛的，无法识别出需要它的用户究竟是哪一群人；它也没有嘴巴，无法向用户恰如其分地介绍自己；它更加没有腿，无法走进千家万户，帮企业达成漂亮的销量，而这一切，都需要打造它的人来帮助它实现。

而在实现树的价值的过程中，很多企业灵光乍现，发现了一个行之有效的方法：

先定位目标客户，然后再扔出一颗炫彩烟幕弹。

如果上述描述太过抽象的话，那换具体一点的语句来形容，整个流程可以概括为如下：

先锁定对产品有强烈需求和潜在需求的一类人，然后再进行精准营销，利用商业化或媒体信息手段引爆他们的购买欲，让他们心甘情愿地打开口袋，让口袋里的那些钱像雪花片一样飞进企业的口袋。

注意，那些看起来漂亮的炫彩烟幕弹，也就是营销策略并不是随手一扔，也不是无差别地引爆，而是朝向特定的一类人发出的特定动作，而这一类人就是很多大型企业口中经常提到的——目标客户。

拿统一一款爆品小茗同学来举例，小茗同学定位的目标客户是"90后""95后"，所以在进行打造爆品的过程中，依照目标客户的审美方向和个性特点，量身定制口味、价格、包装设计等，再进行宣传营销。

比如"小茗同学"这个名称，就是利用了"小明同学"的谐音。每个人的学生时代几乎都有一个小明同学，听到产品名字，就一下子联想到自己的学生时代。这种情怀式营销一下子拉近了和目标用户的距离，加上瓶身的卡通动漫形象，还有文案"认真搞笑，低调冷泡"等，将营销风格进一步向目标用户靠近，从而精准地引爆"90后""95后"的好感和购买欲望。

可以这么说，引爆目标客户的过程，就是用一种目标客户非常喜欢的方式，在他耳边轻轻地、温柔地说，"我懂你，你快来买我哦。"

◀ 第一章 ▶
成为爆品的三大步骤

当你的目标用户听到你的话语，他可能第1次并没有动心，但是当他第2次，第3次……第N次以不同的方式接收到同样的"我懂你，你快来买我"的意思，他大概率会消费，一旦消费达成，就说明引爆目标用户这个目的已然成功。

1. 定位目标客户活跃区域

大概十年前左右，研究并拓展目标客户只是大型企业的专利，目标客户那时还有一个令人心潮澎湃的名字：大客户。

但随着互联网经济的发展，获客渠道的不断裂变和递增，能够接近客户的手段越来越多，不仅仅局限在拓展人脉和增设渠道上，而是向着多元化、营销化、网络化发展。

即使是中小微企业，只要拥有了足够多的获客知识和经验储备，也能够在短时间内迅速拿下非常不错的目标客户。

所以在目前这个相对宽松的大经济环境下，企业规模已经不是企业发展的根本问题。

真正出现问题的是那些对自己的客户群体没有清醒认知的企业。他们往往会对客户群体一刀切，要么认为所有人都能够成为自己产品的客户，要么认为所有人都很难成为自己产品的客户。

可是这个世界上根本不会有一款产品能够同时满足所有人，并得到所有人的关注和喜欢。

即使是作为人类不可或缺的主食——米、面，都不可以做到人人喜欢。起码减肥人士对于米面等一系列碳水化合物避之不及。

同理，也不可能有一款产品会让所有人都讨厌。就拿农夫山泉的东方树叶举例，当时农夫山泉刚出这款新品的时候，出现了很多差评和不喜欢它的声音，甚至有网友还将东方树叶和崂山白花蛇草水放在一起评测口味，称两者为最难喝饮料，东方树叶也因为口味上的负面声音一直销量垫底。

但是随着人们越来越关注自己的健康，无糖饮料持续走俏，被很多人讨厌的东方树叶在沉寂多年之后，竟然又成为销量名列前茅的无糖茶饮，大受欢迎。

为什么农夫山泉会成功？实际上在推出东方树叶之前，农夫山泉就把目标用户锁定在了"追求健康的饮茶人士"身上，只是当时限于人们普遍习惯了含糖茶饮，目标用户不多，爆火时机未到。等追求健康的潮流一来，目标用户爆发式增长，东方树叶也就迎来了春天。

看吧，比起对客户群体定位的模糊不清，总在"我的产品究竟会被哪些人喜欢"这种事情上纠结，其实一上来就能弄清楚"你的目标客户究竟是谁"这一问题的企业，就已经赢在起跑线上了，能不能成为爆品也只是一个时间问题了。

当然，目标客户如果加以细分的话，其实也是分优先等级的。

一般来说，按照具体用户的特定画像，根据不同的职业群体、兴趣圈子等，可以将目标客户分为三大等级。

a. 完美目标客户

所处行业与企业产品呈正相关性，已经购买过产品并且有再次回购兴趣需要的客户，并且有强烈意愿把产品主动介绍进他的社交圈。

◀ 第一章 ▶
成为爆品的三大步骤

b. 一般目标客户

所处行业与企业产品无关，没有购买过产品但对产品有一定信息量的了解和兴趣，短期内有购买产品的打算，把对产品主动介绍进他的社交圈意愿一般。

c. 潜在目标客户

所处行业与企业产品无关，没有购买过产品，对产品也不是很了解，但有一定兴趣了解有关产品的信息，没有短期内购买的打算，暂时没有意愿把产品主动介绍进他的社交圈。

相对于给这三个级别的目标客户做一个详细地划分，还有一个问题值得注意：

在目标客户有实际的购买行动之前，请把所有目标客户想象成一张静止的照片。

而消费购买是一个动作，只有真正等目标客户活动起来，才能达成最终的销售目的。

这个过程就像是把照片做成动态视频一样，你现在需要的是用一台精准的仪器捕捉目标客户的活动，定位他们活动特别活跃的区域。

回答以下10个问题，可以帮助你用科学的方法锁定目标客户的活动区域，最终直指精准的目标客户。

1．过去我们最好的产品都是哪些用户来购买？

2．哪一类客户对于企业来说，盈利的潜力最大？

3．购买企业最冷门产品的是哪一类人？他们消费究竟出于什么目的？

4．应该放弃具有哪些特征的客户？

5．我们在哪种职业的客户中占有绝对优势？

6．在你认为的潜在客户身上所损耗的时间精力，和最后的销售业绩成正比还是反比？

7．潜在客户身上的哪些因素和我们的产品最为契合？

8．有没有之前遗漏掉的、令人惋惜的潜在客户？他们倾向出现在哪些场景中？

9．当前企业的合作伙伴都涉及哪些行业？

10．哪一类客户对企业的发展来说最具有价值？

当回答完了以上10个问题，答案越具体越详细，有关目标客户的信息就会越具体越详细，而他们会频繁出现的消费场景也会一一浮出水面。

当找到了最终的目标客户，下一步就可以精准地、快速地去引爆他们的购买欲。

2．精准引爆

如果你见过真实的捕鱼场景，一定会对那张巨大无比的网印象深刻。

第一章
成为爆品的三大步骤

那张网原本像一条绳索那样纤细软弱，但当捕鱼者将那条"绳索"撒向水面的时候，网就像一把雨伞一样，瞬间呈放射状打开，平铺在水面，然后迅速沉下去，一些来不及躲避的鱼儿，一瞬间就会被网入大网之中，无所遁形。

但遗憾的是，当那张网被扔出去的瞬间，无论它展开得再怎么大，场景再怎么壮观，终究会有漏网之鱼。

而且不太乐观的是，被渔网网住的鱼很大一部分都是此次捕鱼计划当中的不速之客，没有价值又占据了空间，最后需要重新被放生回水里。

当然了，如果遇到运气不好的时候，一条鱼儿都没捕到，收回空网也是常态。

其实这个捕鱼的整个过程正如一场无差别的营销。

在没有定位好目标用户之前，所有的鱼都被视作是潜在客户，它的弊端也显而易见，不仅耗时耗力，还常常捕不到鱼，空手而归。

相比于漫无目的用渔网捕鱼，在爆品的打造过程中，用锋利的鱼叉叉鱼无疑是一个更好的选择，更精准也更有效率，而这个过程像极了引爆目标客户的整个流程。

当然，在做叉鱼这个最终动作之前，要做的准备工作还有很多，比如说：对准目标、目测鱼叉与鱼的距离、分析可行性、逐渐靠近目标、快速出手等。

等这一套动作一气呵成做下来，才能精准地将鱼儿成功捕获。

同理，和叉鱼前的准备工作一样，在精准引爆目标客户之前，还有一系列的动作用来作为引爆前的强势铺垫，为了方便理解，可以把这套准备动作分为预备引爆的前中后3个时期，每个时期又可以分为3个不同的典型关键任务。

> 预备引爆前期：理想目标客户的特征确认和综合信息获取［对准目标］
>
> 任务一：
>
> 确定拥有采购影响力的角色、部门、岗位。
>
> 任务二：
>
> 通过定位用户活动区域和结构行为，形成完整全面的用户画像。
>
> 任务三：
>
> 洞悉目标客户中企业和决策人不同维度的需求。
>
> 预备引爆中期：个性化的精准信息到达，积极促进目标客户的参与度［逐渐靠近］
>
> 任务一：
>
> 营销团队和销售团队配合作战，紧密联系，将潜在客户转化为销售机会。
>
> 任务二：
>
> 拓展全渠道获客模式。

第一章
成为爆品的三大步骤

> 任务三：
>
> 万物皆媒介，推行全员营销。
>
> 预备引爆后期：衡量综合收益［分析可行性］
>
> 任务一：
>
> 检查营销计划带来的价值以及影响。
>
> 任务二：
>
> 确定覆盖了多少与产品信息相关的目标客户。
>
> 任务三：
>
> 检验目标客户的参与程度，并做出相应的结果报告。

当完成了前中后3个时期中总共9个任务，你的精准引爆准备工作便已经相当完美，接下来需要思考这样一个问题：你所有的营销手段以及销售计划，究竟能够引爆多大的商业能量？

这个问题的答案意味着，你的计划有多少实际操作可能，也就是方案或者计划的"单位产出比"是多少。

1999年在美国上映了一部名叫《女巫布莱尔》的电影，只有6万元的微小投资，也就是相当于现在购买一辆私家车的支出，最终却获得2.48亿美元的收益，具体换算一下，收益是成本的4000多倍。

《女巫布莱尔》亮眼的表现把《速度与激情》《复仇者联盟》《变形金刚》等大片狠狠地甩在了身后，在单位产出比上的出色成绩令所有人不禁仰望。

之所以用这部电影进行举例，是因为很多产品经理或企业决策者对单位产出比并不以为意，认为计算单位产出比只是一个数据点缀而已，即使算得再清楚也只是说明一个暂时的营收状况而已，无益于厘清整个企业兴旺和发展的方向。

这种想法不能说是错误，但却有失偏颇。其实一组真实的数据远比任何一篇年度总结或五年发展规划都更具客观逻辑性，尤其对于一款爆品来说，更具有相当大的价值和意义。

试想，如果有一款产品知名度很高，但最终算下来企业是赔钱的，单位产出比惨淡到没办法看，那其实就等于是花钱赚吆喝。

即使这款产品是一款爆品，也不能算是优秀的爆品，如同为企业安装上一条假肢，即使暂时能够给企业提供行走的动能，但走得时间长了还是容易累，何况假肢创造的动能是有限的，永远赶不上真正健康的腿。

当然，世事总有例外。

也有企业在看似"赔钱赚吆喝"的营销过程中获利颇丰，这其中就有女性成长平台Momself的身影。

在2020年的一次媒体采访中，Momself的合伙人金金曾透露，他们在很多网络社交平台配备了低价引流课程。对于单个产品来说并不赚钱，资金都投入在研发和技术上了，但这部分投入会在后期不断带来优质流量，通过转化最终实现营收。

一般来说，他们的转化模式会先用9.9元这种超级低价的课程吸粉，在吸引用户购买的同时，把客户间接引流到自己的平台上，

第一章
成为爆品的三大步骤

金金大概算过，课程播了7天左右便卖了1600多单，转化率6%，随后，再由专业人员进行直播分享等活动，将低客转化为高客单价课程，而这个转化率历史最高点达到了惊人的40%，平均也有20%。

对于"赔钱赚吆喝"这件事，MCN公司负责人徐豆豆曾直言不讳地分享自己的心得，他认为有些企业之所以心甘情愿选择这种模式，一来是因为商家看重这种方式带来的品牌和宣传效应，其实简单说，就相当于花钱打广告；二来在一些不可抗拒的经济大环境下，企业想要有所作为，又一时没有更好的模式，暂时找不到突破点。

事实上，对"赔钱赚吆喝"无论是持谨慎的态度还是激进的态度，最终都是以数据和销售额来说话的。换句话说，能不能吸引到更多更加优质的目标客户，并转换为真正的用户，才是一切营销和销售动作的最终目标。

如果从这个角度来思考的话，问题就会明朗得多。精准引爆用户的核心意义不在于用什么方式，而是最大限度地引爆用户的购买欲，最终增加用户数量和提升用户质量。

再用叉鱼的方式来举例，其实比起叉鱼，用诱饵吸引鱼，让鱼主动跳入渔筐，不失为一个更美妙又水到渠成的主意，这是最优秀的捕鱼方式，同理，这也是最优秀的精准引爆用户的方式。

这个过程就像在营销成本恒定的情况下，当目标客户明显感知到你在喊他，而不是在喊别人，好像有一股力量迫使他们心甘情愿掏出口袋中的消费资金。做到这一点，这才是一个真正优秀的营销。

当然，对于任何人来说，每做出一个决策都是需要一股强大的推动力才能完成，包括用户在内。他们需要一股力量推动，进而做出购买决策，最终完成购买行为。

普遍来说，这个推动力是借由产品来完成的。因为一方面，产品自身携带了某种力量；另一方面，这个力量需要企业作为推手将它传送给用户，让用户拿出自己的行动力（购买消费）作为最终响应。

力量这个词听起来比较抽象，现在可以置换成3个条件，当条件达成，就能迅速借由产品触发引爆开关，精准引爆用户。

1. 消费借口
2. 召唤动作
3. 匹配时机

拿一款冬季时装为例，给予用户的消费借口是正在清仓打折，满减红包就是它的一个召唤动作，而对于目标客户来说，换季降温了，该添一些越冬的衣物，就是一个非常理想的时机。

当然，不同的产品有不同的可行性方案，无论是消费借口、召唤动作、匹配时机，每个企业都有自己独特的思路，但综合起来，再结合前面几节剖析的用户的关键需求、产品核心独特价值，不难得出一个新的爆品公式：

爆品=一款具有独特价值且能够满足目标客户关键需求、客户愿意掏钱购买的产品

◀ 第一章 ▶
成为爆品的三大步骤

　　是的，到此为止，我们已经全部弄清了成为爆品的3大步骤，而接下来，需要寻找契合爆品的关键元素，然后像拼图一样，将它们按照效果图拼接重组，还原出爆品真正的面貌。

CHAPTER 02
爆品思维

《 第 二 章 》

爆品的五大要素

在后疫情时代，中国的互联网经济正处于一个关键拐点，还没有触网的一部分传统经济正一步步衰落，涌现出一批关门潮、转让热。

而与此同时，随着消费水平和消费形态的不断升级，电商和短视频直播带货发展得如火如荼。

一方面，谁能吸引流量，挈领流量的大旗，谁就能不费吹灰之力拥有长期曝光度，站在被用户关注的前沿，成为风靡一时的爆品。

比如蜜雪冰城的一个主题曲在B站拥有上亿的观看量，吸引了无数的话题和讨论量，一夜之间成为爆品顶流。

另一方面，谁能给用户提供相对较高价值的产品、体验、品质、性价比，谁就能打败其他竞争者成为赢家，从而催化出一个可持续发展的爆品模板，为企业带来源源不断的销量和业绩。

比如完美日记，拥有媲美欧美大牌的产品品质，大牌同厂，极致的彩妆体验，价格却不到欧美大牌的一半，凭借过硬的实力，拿下天猫金妆节的五项大奖，在女性消费者中风靡一时，成为彩妆界的爆品天花板。

第二章
爆品的五大要素

可以这样说，因为工业化进程的飞轮高速旋转，与几十年甚至几年前不同，商业战场已经从传统模式下的渠道、价格、传统广告、面销，转移到了产品价值、用户体验、性价比等综合实力和指标。

这种转变就像以前娱乐圈推崇实力派演员，而现在网红异军突起是一样的道理。在千变万化的市场中，爆品就像一个个拥有百万甚至千万粉丝的巨量网红，其存在一方面是市场的需要，同时也在一步步推动市场往"谁火谁爆谁存在"的方向发展。

放眼望去，如果一个短视频公司没有一个能为公司带来巨大红利的网红，就像一个企业里没有一个能为企业带来利润的爆品，最终或泯然尘埃以倒闭关门收场，或遭到对手或者同行的强势碾压，发展之路只会越走越窄。

所以说，打造爆品不仅仅是一个企业做大做强的需要，未来也很可能会成为一个企业存在或发展的需要。

那么一款爆品究竟需要具备哪些重要因素呢？

第一节　快速激发消费者的购买欲

在市场规模一定体量的前提下，消费者口袋里的钱是有限的。

随着购房购车物价增长的压力，消费者口袋里这部分有限的资金还要分配成若干份，大头用于负担基本的生存，满足日常生活必需，只有很少一部分能完全用于中高梯度的生存外消费。

还有一个更坏的消息，消费者手中的这部分支出正在逐渐缩减。

根据不完全统计，在2020年，全国的居民人均消费支出21 210元，比2019年同比下降1.6%，如果扣除市场价格等因素，实际下降已经达到4.0%。

如果对城镇和农村居民进行分类划分，城镇居民人均消费支出27 007元，实际下降6.0%；农村居民人均消费支出13 713元，实际下降0.1%。

如果按照消费类别分类，人均生活用品及服务消费支出1260

第二章
爆品的五大要素

元,下降1.7%;人均交通通信消费支出2762元,下降3.5%;人均教育文化娱乐消费支出2032元,下降19.1%;人均医疗保健消费支出1843元,下降3.1%;人均其他用品及服务消费支出462元,下降11.8%。

从以上数据可以看出一个严峻的问题,消费者对待手中的钱越来越谨慎,尤其是用于教育文化娱乐服务上的消费,呈现断崖式地收缩下降。

当然,这只代表了2020一个年度的数据,其中有疫情的影响。但如果忽略微观数据的话,在宏观创业潮的大形势下,随着企业、产品、服务的数量成体量增多,消费者的选择进一步扩大,在购买产品和服务时,会有种乱花渐欲迷人眼的感觉。

换句话说,即使没有疫情的影响,消费者也会逐渐收缩手中的可支配支出。

这种变化依然可以用娱乐圈作参照。

在十几年前,人们关注的偶像可以数得过来,周杰伦、陈奕迅、潘玮柏、SHE……一个偶像可以持续关注和喜欢很多年。这就像一款品牌产品可以持续消费很多年,甚至每年都会回购同一个产品,即使当时不用也会囤着,以备不时之需。

而现在,当人们打开自己的短视频关注列表,会同时弹出数十位或者数百位网红,有的只是看过其几十秒左右的短视频就加入了关注列表,有的还叫不出名字,关注之后也就没了下文。

再将目光转向消费者,消费者虽然会买很多东西,但大部分产品买一次或许就不会再买了。

是的，如今消费者"移情别恋"的速度，已经在规模化量产和遍地开花的大量营销中，成倍成倍地增长，消费者的胃口变得刁钻和任性，因为他们选择的空间与十几年前相比，体量庞大而且种类繁多，而他们手中的资金又变得极其有限。

可是对于一个有强烈生存和发展需求的企业来说，这却不是一个好兆头。

因为企业面临的问题更加复杂，也更加棘手，消费者一面捂紧口袋，一面又快速地"移情别恋"，如果企业还停留在依靠拉长时间线精耕细作一类产品、铺设广泛的销售渠道、循序渐进地打入市场这一发展思路中，那么很可能还没有跑完全程，就被迫退赛了。

除非有强大的资金作为后盾，如果是中小企业或者是资金紧张的大型企业，慢工出细活的发展模式已经满足不了消费者日渐挑剔和飘忽无常的目光。

所以，爆品作为企业生存发展的秘密武器，它所具备的首当其冲的要素不是全渠道销售、恰当的广告文案、完善的售后服务等，而是能够快速精准地在目标消费者心中"种草"，快速激发消费者强烈的购买欲。

比如说王饱饱麦片，就是能够短时间内激发消费者购买欲的一款爆品。打开小红书，关于王饱饱的营销软文赫然映入眼中，图片上诱人的果干、一粒一粒非膨化麦片带来的观感和视觉效果，再配以优美的文案，让人食指大动，忍不住打开购物网页下单购买。

快速激发消费者的购买欲，这句话的潜台词是，购买欲不需要创造，只需要激发。

第二章
爆品的五大要素

因为它已经早早地蛰伏在消费者心里，唯一要做的就是驱动消费者非买不可地购入自己的产品或者服务。

那消费者的购买欲究竟来源于哪些可供实现的目标中呢？

1. 省钱

每个人都想拥有更多的财富，也想以最小的损失获得最高最优秀的体验与服务，这是消费者广泛追求的性价比的根源。

如果一款产品能和帮助用户节约金钱联系起来，会直接激发其购买欲，让用户不由自主地加快速度付钱占有产品。

在省钱这一方面，做得不错的是美妆界的novo彩妆、速食品牌皇子米线、水杯品牌富光等。

2. 安全需求

在赫赫有名的马斯洛需求层次中，安全需求是除基本生理需求外第二重要的需求。安全需求包括人身安全需求、财富安全需求、情感安全需求等，在涉及个人和家人的安全需求时，人们往往会有花钱买平安的安全消费念头。

当一款产品涉及"更安全"的话题，会大大激发消费者的购买兴趣和购买欲望，从来没有哪个消费者会觉得自己身边的安全保障太多，而是总觉得太少。

在安全需求这一方面，做得不错的是沃尔沃汽车、卢纳森指纹防盗锁等。

3. 健康

在全民养生的大环境下，全民追求更健康、更有活力、更年轻、更精力充沛等，也希望自己的家庭成员能够拥有同样的健康状态。当一个产品切中用户健康需求，那些有失眠、身体酸痛、亚健康等症状的用户就会被调动起消费积极性。

在健康这一方面，做得比较好的是元気森林零脂奶茶、五谷道场方便面、膳魔师保温杯等。

4. 时尚和潮流

人是群体动物，在群体里，人普遍在意的一件事是：能不能融入时代潮流，跟上时代和其他人的脚步。人在潮流端的诉求是"in"而非"out"，所以当一款产品和时尚潮流有所关联的时候，购买产品能够彰显自己的时尚品位和态度，那些注重潮流品质的消费者就会大概率掏出口袋里的钱。

在时尚潮流这一方面，做得比较好的是服装潮牌疯庞客、babama首饰、回力运动鞋等。

5. 爱和社交

发展和谐的人际关系、满足人最基本的对爱和友谊的渴求，这是人们对除生存以外的消费目标。人不可能是一座孤岛，而孤独是现代人最难跨越的集体症候群。当产品切中能够带来爱和友谊，健康良性地发展人际关系等目标时，就能够调动消费者的参与感，激发他们的购买和使用欲望。

在爱和社交这一方面，做得比较好的是陌陌、探探、Soul等。

6. 个人发展

在全世界的人都以学习并吸收知识作为发展原动力的同时，人们对晋升、涨薪的渴望置换成为个人发展、不断提升自己。人们总是在渴望成为更好的人，于是会不断地学习，当一款产品能够给人

第二章
爆品的五大要素

以可以预见的成长前景和发展空间,就会激发目标群体的购买欲。

在个人发展方面,做得不错的是新东方、沃尔德、中公教育等。

以上是7项消费目标。找到它们然后逐个刺激,就能够大大加快消费者的购买进程。

快速激发消费者的购买欲,是作为一款爆品不可或缺的因素之一,也是综合系数排第一位的爆品要素。

说完排第一位的要素,我们再来看看排第二位的要素——与时俱进。

第二节　与时俱进

威廉·P.巴内特（William Barnett），这位斯坦福大学战略学教授，曾经提出一个非常著名的理论，叫作红桃皇后竞争理论。

"红桃皇后"最先为刘易斯·卡罗尔的童话《爱丽丝漫游奇境》中一位女性形象，这个角色流传最为广泛的一句话是："你必须不断奔跑才能够停留在原地，如果想要往前走，必须是现在两倍的速度。"

后来被威廉·P.巴内特教授拿来命名为红桃皇后竞争理论，并且，这个理论已经在全世界各个经济体中得到了具体验证。

理论的简略概述如下：

随着时间的推移，所有的变化会越来越快，如果不想被淘汰，就需要拼命往前奔跑，以求保持原有名次而不被超越，否则就会落后掉队。

◂ **第二章** ▸
爆品的五大要素

其实中国古训中也有类似红桃皇后竞争理论的话，那就是：逆流而上，不进则退。

而在我们即将成型的打造爆品思维中，有4个字可以用来概括红桃皇后竞争理论，那就是：与时俱进。

一般来说，在互联网经济发展的大潮下，与时俱进不仅是指一个企业与产品的与时俱进，再往前拓深点讲，与时俱进实际上是一个产业甚至是一个经济体的与时俱进。

为什么会这么说？

这个思路可以先从一位园丁的角度，还原一个企业从产生之初到发展壮大的整个过程，从过程中可以窥视出与时俱进的真正意义。

当一位园丁进入一个空荡荡的院落，他要做的只不过是擦擦地，除除尘，扫一扫院落里的几级台阶，仅此而已。

有一天，园丁突然下定决心在院落里大干一场，将院落变成寸土寸金的种植基地。于是他开始种植月季、月见草、落新妇……花园中花草的品种越多，上门采购花草的客户也越来越多，园丁越来越忙，曾经破旧的院落果然变成了一座能够创造财富的黄金基地。但好景不长，客户已经厌倦了月季、月见草、落新妇，并且经常抱怨收到植物开的花朵越来越小，叶子也特别容易发黄。

而此时，另外一位园丁嗅到了商机，在隔壁院落也开始种植花草，不仅改良了原有的品种，还新增了绣球、大叶海棠等新品种。但这大大损害了前者的利益，于是前者开始不停思考出路，培育出了一种新型花卉，瞬间打开了新的市场和销路，不仅把自己的花园盘活了，还间接推动了花卉市场的发展和行业的进步。

从园丁的视角来看，院落虽然依然还是那个院落，却经历了7个不同发展时期：

> 建设期→发展期→上升期→竞争期→问题瓶颈期→与时俱进期→破局期。

很显然，在整个进程中，与时俱进期起到了至关重要的作用，如果不经历这个时期，园丁的花园产业很可能会宣告流产，而整个花卉市场也不会有任何进步，最多只是在原地踏步，除非加入第3位园丁，也就是新的竞争者加入，除此之外整个行业将会失去生机和活力。

而对于第1位园丁来说，他之所以选择与时俱进，是因为对他来说，市场其实是在不断地变化、整合、资源重组的，并且不停有新的竞争者加入，试图和他一较高下分走一杯羹，园丁能否适应市场的变化，能否在变化中不断调整发展战略和具体步骤，才是花园和整个行业发展的关键所在。

这里的园丁其实就是企业本身，所以与时俱进期也是每个企业发展的必经阶段，只有在这个时期经受住考验，最好给出符合市场竞争规律和消费者新需求的产品，才能顺利进入下一个时期，使企业获得可持续发展的新生。

而这一时期出现的爆品，更像是应运而生，同时兼具这个时期最重要的元素：与时俱进。

第二章
爆品的五大要素

一款能够让一个企业起死回生、重获新生的爆品,一定是在企业的非常时期发挥出了关键作用的产品。

一个最好的例子是史克威尔公司,当时公司面对商业竞争已经举步维艰,陷入低谷,制作人坂口博信决定做完最后一个游戏就准备转行。没想到最后一个游戏一炮而红,这个游戏就是《最终幻想》,游戏颠覆了当时RPG游戏的固有思维,与时俱进,迎合了"游戏电影化"的国际潮流,成为当年数一数二的游戏大爆品。

当然除了这种在生死时刻才横空出世的爆品之外,如今很多企业已经早早洞悉了红桃皇后竞争理论的天机,提前运筹帷幄,在企业的问题瓶颈期来临之初,就选择与时俱进,研发新的产品并将其打造成为新一代爆品。

比如说餐饮界的西贝莜面村,都知道这家餐厅以西北菜起家,而莜面就是它的特色爆品,但餐厅并没有停留在莜面这一品类中就此止步,而是又连续买断了上过《舌尖上的中国》的两个菜品——黄馍馍和张爷爷空心挂面,并与时俱进地将这两者加入自己的菜品之中,让西贝莜面村作为一个持续品牌不断火爆,能够和同行进行有力竞争。

不仅仅是西贝莜面村,随着无数企业的先知先觉,市场爆品的不断更新更迭,爆品身上天生自带的与时俱进特质也越来越明显。

可是话又说回来,在互联网经济飞速发展和整合重组的大前提下,产品究竟需要达到哪些标准,才能称得上是一款与时俱进的爆品呢?可以参考以下5个标准:

1. 产品符合当下时代潮流;

2. 产品符合用户的新口味；

3. 产品符合用户不断变化的生活方式；

4. 产品符合当代用户审美品位；

5. 产品本身能够引领潮流。

符合这5个标准的产品，不仅能够适应市场变化，而且还能进一步帮助企业打开新的产品领域和市场。

我们都知道，市场一直在变化，无论是生活方式、市场规模和容量、消费群体、消费习惯等一系列和打造爆品息息相关的因素，都在无时无刻发生着多元的变化。

用夸张一点的方式去描述这种变化，可能上一秒还发挥着巨大能量和作用的商业经验，下一秒就不再适用于市场；可能上个月还如火如荼的业务，下个月就肉眼可见地疲软无力；可能昨天被抢购一空的产品，今天就无人问津。

已经有无数惨遭商业滑铁卢的企业检验过这个真理，比如曾经名极一时的柯达、黑莓、诺基亚、雅虎等知名品牌，他们曾在某个具体时期拥有着同行无法企及的高光时刻，因为无法打造出与时俱进的爆品，而被时代狠狠甩在了身后。

而与他们相反的是小米，小米曾和他们一样，故步自封并陷入低迷瓶颈期，通过打造一款又一款与时俱进的爆品，在近十年的不断革新和大刀阔斧的产品创新下，井喷式打造出32款与时俱进的爆品，比如小米10、小米电视4s、小米壁画电视、小米笔记本、小米显示器等，从而保持了长期的、持续的发展势头，一直延续至今。

纵观全局，没有一家脱离与时俱进这四个字的企业能够一直屹

◂ 第二章 ▸
爆品的五大要素

立不倒，而在那些经久不衰、生命力旺盛的企业，他们的前进齿轮中，其实归根结底都镶满一个个与时俱进的爆品，它们就像是不知疲惫的永动机，给予企业源源不断的发展力和持续动力。

所以，爆品思维中的5大核心要素，怎么能少了"与时俱进"这一块堪称完美的拼图碎片呢？

第三节 去同质化，拥有个性化特色

对于一个营销者来说，产品的雷同和同质化是最为头疼的一件事。

例如在水果行业，情景就设定为一个菜市场，小贩甲卖的是西瓜，小贩乙卖的依然是西瓜，小贩丙、丁还是在卖西瓜，如何在众多同类西瓜中杀出一条血路，引起消费者的注意，让他们争相购买呢？

很多人会说，价位定得低一点，不就赢了吗？

那好，就让小贩依次把价格降低，如果小贩甲定的是3元一斤，小贩乙定的是2.5元一斤，小贩丙、丁不甘示弱，把西瓜的定价放低到了2.3元、甚至是2.1元，最后直逼西瓜的进价。

可是大家会发现，生意依旧惨淡，因为另外一条街道上出现了一家新的水果摊位，西瓜只有1.8元一斤。最终，小贩甲乙丙丁4人

第二章
爆品的五大要素

没有卖出一个瓜，西瓜全砸在手里了。

从这个不算陌生的例子中不难看出，市场中，永远会有价格更低的竞争对手，一贯不理性地打价格战，寄希望于薄利多销，其实是一个商业死循环，最可能出现的结局是，没有人笑到最后，大家都血本无归。

因为价格战只能逞一时之快，并不是发展的长久之计，企业良性运转需要的是利润，没有利润就没有发展，没有发展就不能长久。

没错，无休止地去烧钱，只会刺激那些对价格敏感的客户，他们会在价格战中持续捡漏，但与此同时，因为他们很难转换为高质量且对品牌重视的客户，当"烧钱潮"退去的时候，这些客户也会随着潮水一起消失得无影无踪，甚至不留下一丝痕迹。

另外，在经济学上有一个相对经典的观点也验证了这个规律：当出现自由竞争市场效应时，所有人都在销售同质化的产品，根本不可能获得比市场平均价格更好的利益。

既然一成不变，千人一面，无法留住忠实优质的客户，大家都卖一样的"西瓜"，打价格战互相残杀，吸引过多的无效客户，消耗过多的企业有效资源，那不如变中求胜，千人千面。

在20世纪40年代，就有人看到了产品同质化的弊端，美国达彼思广告公司董事长罗瑟率先提出了一个影响深远的USP理论，主张品牌或者企业应该拥有自己独特的营销卖点。

倘若跳出理论，着眼现在和未来，在日益丰富的产品市场中找到能够战胜对手的特色和优秀，而不是陷入同质化的漩涡中无法挣脱，可以使得自己的产品在面对当今复杂的经济形势时，有比同类型对手更好的出路和选择，也更容易杀出重围成为爆品。

所以，接下来谈到的将涉及爆品要素中的第3个关键碎片：去同质化，拥有个性化特色。

简单说就是差异化、个性化。

这里提供两个可行性思路：

1. 打造商业化 IP

跳出产品的固有相似模式，你会发现一些商业巨头都有自己异常清晰的定位，而且是不同于任何同行、任何同类、任何同品质产品的特色定位，这就是他们极具商业化的IP，用一个较为流行的词语去形容就是"人设"。

或许，你能从以下7个出圈品牌定位中获取到打造商业化IP的灵感。

江小白：主导时尚、打青春牌的小瓶白酒，用4字概括为"青春小酒"。

三只松鼠：会卖萌的时尚坚果。

拼多多：拼团超低价优惠电商平台。

完美日记："今日女生，明日女人"时尚分享类彩妆。

戴森：高端+黑科技的小家电。

故宫淘宝：添加历史故事时尚化的故宫元素产品。

元気森林：无糖健康新时尚饮品。

第二章
爆品的五大要素

这7大品牌爆火的共性在于：他们悉心打造的这些独特IP，别人几乎不可复制，即使模仿也无法捍卫原有IP的江湖地位，用曾经流行的一句来形容，就是："只能被模仿，无法被超越。"

因为他们所塑造的形象已经深入人心，一想到IP中的关键词，就会把这些关键词和品牌相互对应起来。

试想，在同质化盛行外加"互联网+"经济飞速跃进的今天，产品要进入市场，就要面对成千上万的同类产品。

就拿坚果市场的三只松鼠来说，能够在一堆普普通通的碧根果、大杏仁中找到品牌IP，制造特色个性化声势，渲染足够的市场气氛，等于间接为消费者留下一个深刻的印象，虽然坚果依旧还是坚果，可它贡献出的商业价值却源源不断，甚至超过了产品本身，随着IP的不断重复和加深，产品和品牌力量也在不断加深。

这就是产品打开市场的首要战略因素，想要把一款普普通通的产品打造成为爆品，对品牌IP的打造功不可没。

科技自媒体博主阑夕曾说过一句直指IP内核的话，想要判断一个内容是不是真正有能量的IP，可以看它能否凭借自身的吸引力，单独拎出来后，依然能在多个平台上实现爆发式增长。

2. 以上帝（用户）视角，进行产品个性化优化

一场精彩的短跑比赛，拉开决定性的距离永远不是在起点，而是在所有参赛选手速度上来的比赛中段，谁的爆发力更好，谁就会在抵达终点前拥有决定性的制胜权。

打造爆品的过程很像一场短跑比赛，大家都在同一个起点上起跑，当赛程到达前中段，大家开始暗暗蓄力，准备猛烈前进，不断

进行产品优化，此时的大爆发至关重要。

可是在现实中，很多企业虽然努力去优化产品，但他们只是不停地根据前辈提供的模式，不断地去复制和模仿，往往忽略了站在用户视角，对产品进行个性化优化。

就拿淘宝店来举例说明，很多淘宝店在优化店铺时，潦草地在商品首页写几句"不会作图，品质说话"的促销文案，接着就进入了接下来的疯狂刷单模式，结局很显然，他们不仅会踩遍前人留下的诸多大坑，还会在同质化的店铺优化中迷失方向，沦为非常普通的路人甲店铺。

要想达到爆款出圈的目的，就需要在优化产品前，明确优化产品的目的。

一般来说，优化产品有3个目的：一是提高产品的盈利，简单说就是增收；二是提高用户使用率，简单说就是增频；三是改善产品在用户心中的印象，简单说就是增好感。

发现了吗？在这三重目的中，除了第一个，剩下两个都需要站在用户的目的，摘出用户的痛点并迅速除根，最终去优化出一款令用户心中种草、而绝非让企业"自嗨"和自我感动的个性化产品。

比如元気森林的包装瓶，一个醒目的"気"搭配清新的配色设计，一股浓浓的和风气息扑面而来，相较于之前传统保守、花花绿绿的饮料瓶，在视觉上让用户，尤其是女性用户眼前一亮，有一种美的享受，迎合了目标用户的审美痛点需求，极具个性和特色。而这种个性特色会在用户脑海里留下深深的印象，反作用于产品的销量，为产品依靠颜值特色出圈成为爆品提供了可能。

第二章
爆品的五大要素

最后，总结一下如何使产品去同质化：一，可以打造商业IP；二，可以站在用户视角对产品进行个性化优化。

综上，请记住一句有关爆品的核心观点：当你的产品有足够多的个性魅力，才能够被足够多的用户认识、接纳并收入囊中。

第四节　让人眼前一亮的设计

换位思考一下，如果你是用户，当你初次接触一款新产品，究竟什么样的设计才是让你眼前一亮的呢？

外观？功能？实用性？

还是三者兼具特色？

事实上，解析真正"让人眼前一亮的设计"这句话，第一个着重点并不是在"眼前一亮"上，而是在"人"这个字眼上。

是的，无论哪一款产品，小到一颗纽扣、一节电池，大到一台空调、一架飞机，最终的购买者、使用者或体验者一定落实到人。

即使是宠物吃的小饼干，抑或是它们用的沐浴乳，也是主人率先接收到了消费吸引的关键讯号，才有可能会为汪星人或者喵星人添置这些产品。猫猫狗狗们即使再喜欢、再拥戴某款产品，自己也是无法走进商场或是在线上下单购买，它们拥有的只是使用和体验

第二章
爆品的五大要素

的权利，决策权、话语权、购买权依旧是在人的手里。

所以，关注"人"的需求，并把这种需求转变成设计元素融入产品当中。试想，当一款产品的设计兼具美观的同时，还拥有让人好感顿生的人文关怀设计元素，那么它极有可能成为人人心之所向的爆品。

因为它的设计是情感化、人文化的设计，而不是冷冰冰、通过坚硬工业化的组合堆砌的一堆物质元素。

当然，情感化设计对于一款产品的设计来说，可以说是最高级别的设计要求，但也同时是非常重要的设计要求。

认知心理学家诺曼在其名为《情感化设计》的书中，曾深刻阐述了一个道理，在一款优秀的设计中，情感与实用性、可用性同样重要。

如果把这个理论引申到爆品设计的思维上去，一款产品所具有的独特设计，就是它带给用户的绝版氛围感。这种氛围感是产品独有的，即使别人模仿也模仿不来，最多画虎像猫。

当然，这种氛围感也从另一个侧面突出了产品的人文价值。换言之，如果一款产品的设计不能给人带来乐趣和快乐、兴奋与喜悦等多样性的情感，这个设计从某种意义上讲就是无意义的，无价值的。

对于打造爆品，情感化设计更具有超乎寻常的作用和魔力。

如果一款产品在面世之初，就能从情感层面吸引和留住用户，提升用户体验，对用户来说就像一个多年不见的老朋友一样，熟知自己的性格和需要，即使自己不说话，对方也能明白自己的想法，那企业只需要再加一点点寒暄和互动，就能和用户成为灵魂伴侣甚至生死之交。

想要达成这个目标，可以从以下方向入手：

1. 灵感来源于具体生活

雷治有一款销量不错的牙刷，外观和其他的同类产品看起来没有什么差别，但仔细看一下牙刷手柄，竟然藏着一个小小的日期转盘，使用者可以把转盘调节到自己想要的任何日期。

没错，这是一款能帮主人记录日期的牙刷，或许有人会问这个设计究竟有什么意义？

想记录日期有笔记本，有手机备忘录，为什么非要使用一只牙刷呢？

乍看这个设计相当鸡肋和荒谬，但当它被还原到生活场景里，一切就容易理解了。

牙刷作为一款生活用品，大概平均3个月左右就更换新牙刷，但这种小事几乎没人记得住，如果为了确认日期不断地去翻看笔记本或者是手机备忘录，那绝对不是一个听起来聪明的好主意。

而雷治这款拥有记录日期功能的牙刷就帮助用户解决了这个小麻烦，甚至不用花费企业多少成本，就让消费者拥有了绝佳被关怀体贴的体验。

另一个值得一提的设计，是洁柔面纸上的弧形封口设计。

生活中，我们抽抽纸的时候会发现，开始的几张很难抽，要么是抽出一张带出好几张，要么是会把好端端的一张纸抽破，有时抽到中间也会遇到这样的问题，而许多纸巾就是因为不小心被抽带出

第二章
爆品的五大要素

来而浪费了。

洁柔的这款纸巾非常人性化，把封口设计成有弧度的，第一张纸抽出来的时候特别顺利自然，不会有带出一坨纸巾的情况发生，如此一来，纸巾被丢掉浪费的频率也减少了。

其实很多优秀的设计都藏在生活中这些很小的烦恼中，因为烦恼实在是太小了，都值不得用户说出口。

但就是这种小小的痛点，如果帮用户解决了就是大大的方便，不仅会增加用户的积极体验，增加客户黏性，还极有可能将好口碑引入到产品上面，将产品推到爆品宝座上去。但这需要设计者和企业在自己生活中去留意、去体验、去观察。

2. 遵从人性，以人文关怀为结果导向

荷兰母婴品牌Nuna曾推出了一款DEMI Grow的婴儿手推车，一经投放市场就受到了很多家长的追捧。

因为这款推车在设计的时候，不仅考虑孩子的乘坐体验，同时也把推婴儿车的父母感受纳入考虑范围。

在功能性的硬件设计上，遮阳棚、储物篮、挡泥板等一应俱全，另外，整辆车做了轻量化处理，在保证质量牢固的同时，车子还增加了折叠设计，方便放入汽车后备厢或带到飞机上。

并且令人叫绝的是，婴儿车的座椅还是可以调节的两位座椅，无论是两个孩子还是一个孩子，都可以找到让自己感觉舒适的位置，同时也考虑到了亲子互动的需求。

可见，这款婴儿车的设计概念不是局限于孩子本身，而且考虑到了家长的需要，以及家庭的变化，具备极强的人文关怀。

一项具有人文关怀爆品设计，其实是站在用户的角度，实际的理解用户的烦恼和焦虑，在解决烦恼焦虑的同时，为用户带来持久的舒适。

3. 注重结果调研和用户反馈

耐克有一款鞋子Flyknit Trainers，在设计这款鞋子的时候，特意采用了当时不常见的飞线技术。

这个决定并不是随便做出的，而是在二级调研的基础上，设计师在了解了竞争产品、品牌线之后，做出的明智决定。

结果这款鞋子投入市场后，因为事先进行过调研，无论是编织技术还是颜色图案，都是围绕年轻人运动亚文化进行设计的，自然受到目标客户的喜爱。

除了从具体生活、人文关怀、结果调研和用户反馈入手的情感化设计之外，还有两种实用的爆品设计方法，能够让产品在符合市场预期的同时，具备爆品的引爆潜力。

（1）高科技技术设计

2020年，石头科技以400亿价值居于胡润中国10强家电企业第五名，仅次于美的集团、格力电器、海尔智家、JS环球生活。石头科技旗下的一款石头扫地机在2021年上半年，实现了17.02亿元的销售额，是石头科技绝对的大爆品。

而石头扫地机器人的一大卖点，就是它的高科技技术设计闻名于世，一台看似简单的扫地机器人涉及机械、电子、控制、机器人甚至人工智能等多个学科领域，集合了数量繁多的科技创新。另外，扫地机器人还搭载了各类十分先进的传感器，让机器人有了触

第二章
爆品的五大要素

觉、视觉协同机器人工作,并以此高科技设计为卖点,进而受到了消费者追捧,从而走进了千家万户,成为扫地机器人中的"大爆品"。

(2)专注颜值的设计

喜茶是很多奶茶爱好者非常热衷的品牌之一,从成立到现在全国各地开了上千家分店,成功孵化了子品牌喜小茶和喜小瓶,而它出圈成为奶茶爆款的原因,是因为对颜值设计的高标准追求。

喜茶有一款奶茶产品叫作芝芝桃桃,在研发这款产品的时候,发现桃子会氧化变色,奶茶的颜值会下降,为了解决这个问题,喜茶特意加入了火龙果汁进行调色,提升了奶茶颜值的同时增加了奶茶的口感,一举两得。而因为一直专注于出色的颜值设计,在中高端奶茶市场中,喜茶占据了很大的份额。

从上述例子和思路不难看出,一种让人眼前一亮的设计是爆品的重要组成部分,这是除了与时俱进、去同质化之外,爆品所具有的另一个秘密武器。

让人眼前一亮的设计,不仅可以对用户进行全面的情感体察,还能解决用户实际的烦恼和困扰,使用户在舒适度、体验度、愉悦度、设计满意度等具体纬度得到最大的满足。

当达到了以上的标准,产品就能在问世之初紧紧抓住用户的眼球和好感,在同类产品中脱颖而出,这是产品能够出圈的天生赋能,更是成为爆品的重要因素。

第五节　高性价比

在百度搜索框当中打出"高性价比"这四个字，你会发现具有一定权威性的百度指数不仅收录了这个词，在偏门词类中它的搜索指数也高达135。

如果这个词语放到15年前，甚至是5年前，人们对它的认知只是停留在"划算、省钱、便宜"的层面。而到了互联网经济迅猛发展的今天，随着比价渠道和对产品的评判标准增多，促使高性价比这四个字站在了消费标准鄙视链的顶端。

而"高性价比"不仅是作为购买标准得以生生不息，同时也在用户和消费粉丝群体中大行其道。

放眼看去，无论在小红书还是抖音等带货平台上，那些带货主播甚至纷纷把"高性价比"这四个字打入标题中，以求获得更多人的关注和购买产品。

◂ 第二章 ▸
爆品的五大要素

而如今大行其道的爆品，更是在高性价比的路上越走越远，小米手机、蜜雪冰城奶茶冰激凌、完美日记彩妆……都是个中代表。

追求高性价比，曾经是一种小众理性消费主义思维，现在成为普遍消费主义思维，未来则会成为大众入门级别的消费口味，而当它而融合到爆品思维中，理所应当成为不可或缺的一个爆品因素。

那什么才是高性价比呢？

简单说就是用低于平均价格的价格买到高于平均价值的产品。

比如市场上一款平均价格300元的B类产品，你只用一半的价格，就买到了质量更好的A类产品，那么相对于表现并不惊艳的前者，后者性价比则更高。

随着市场价格不断竞争化、透明化，高性价比可以简单地理解为：以前消费者追求的是物有所值，而现在甚至未来追求的则是物超所值。

事实上，在用户全速追求高性价比的过程中，确实会在另一个层面上，对企业的定价策略发起挑战，进而给企业提出了一项艰苦卓绝的任务。

为什么消费者在追求高性价比的时候，会给企业带来困境呢？企业的存在不就是为了满足消费者吗？问题究竟出在哪里？

想找到答案，我们可以追溯到企业本身，看看这两者——消费者和企业，在价格方面的对立究竟有多么剑拔弩张。

每个企业的生存发展，都是以盈利作为终极目标的，换言之，企业想要的是以最小的投资收回最大最可观的收益，不巧的是，这个目标是与用户"花小钱买超值好货"的态度完全相反的。

如果试着去调和企业和消费者的这种天生的矛盾,就像是把一只来自北极的熊和一只来自非洲的雄狮放在一起,并要求他们能够适应彼此的生活习惯,并完美地和谐相处。

想必这样苛刻的要求在提出来的时候就会受到强烈的抨击,可现实是:市场冷酷的生存法则就摆在那儿,能够存活下来的是会积极想出办法的一群人。进一步更新到打造爆品的思路中,一边碰壁一边自我成长和不断进化,才是打造爆品唯一的出路。

所以,让"北极熊"和"非洲狮"生活在一起的答案是可行的,而且已经有无数企业通过验证将这个方法的可行性变成了现实,可以再次参照上文的爆品案例。

但在整个过程中,需要遵守两个原则,而这两个原则也是在打造爆品高性价比元素时两个重要的钻石法则。

(1)定低价只是策略之一,卖出去并不是终极目标。

既然卖出去不是终极目标,那终极目标究竟是什么呢?

实际上,定低价只是为了吸引消费者的目光,间接为其他产品带来更多的销售机会。

因为在大部分时间内,价格对于消费者做出购买决策有些举足轻重的影响。

一般来说,在功能、性能、质量相仿的产品中,99.99%的消费者会倾向于选择价格更低的产品,只有剩下的微小比例0.01%还在犹豫,而他们最终大概率也会做出和前者一样的选择。

家乐福就是利用消费者的高性价比趋向,成功跃升为连锁超市

第二章
爆品的五大要素

中的爆款。

家乐福是这样操作它的商品价格的：

> 敏感商品→超低价
>
> 非敏感商品→贡献价
>
> 自有品牌→权变价
>
> 进口商品→模糊价

什么是敏感商品？比如可口可乐、花生油之类的产品就是敏感商品，家乐福会通过给这些商品制定超低促销价，借此吸引消费者，并成功在消费者心目中留下"家乐福超市的东西真便宜"这种良性印象。

在成功吸引消费者之后，高价格的非敏感商品、自有商品和进口商品紧随其后，消费者只要花钱购买它们中的任意一类，家乐福都是稳赚不赔的，即使执行了低价策略，最后依然实现了平衡和增长利润的目标。

诚然，家乐福的这个经验也得到同行的大力推广，大润发和沃尔玛也凭借这个钻石法则成为行业翘楚。

其实不止大型商超，好的经验适用于任何场景，在打造爆品的思路上，借鉴前人的英明之举，远胜于自己在勤奋主义的陷阱里摸爬滚打。

（2）高性价比不意味着以牺牲质量为代价，而是在保证质量的基础上，让消费者获得超值体验。

在全员追求高性价比的大环境下，一部分企业做出了一个短期回报率高但长期来看不够机智的决定——降低商品质量。

其中就有贝拉米旗下的奶粉品牌。

在2016年7月，出入境检验检疫局检查出贝拉米的几款产品菌落总数超标20~30倍，而这几款产品曾是较受宝妈欢迎的产品，在出现质量问题后产品被强行下架，产品口碑也大不如前。

在质量上降低标准，甚至挑战食品安全的底线，看似短期内取得了高性价比的胜利，其实从长期来看，会让企业和品牌陷入低性价比，得不偿失，最终不仅会反噬品牌口碑，还会流失大量的忠实客户，消耗掉好不容易经过长期积累出现的人气和流量，对品牌甚至企业造成无法预计的负面影响和损失。

以上是在打造爆品时需要遵守的两个钻石法则，除此之外，还有两个黄金法则是执行高性价比爆品策略时的巧妙技巧，使用了它们之后，会让整个爆品系统得到良性运行，从而进一步推进爆品向更高级的形态进阶。

1. 临界点定价法则

如果说外观是用户对产品的第一印象，那价格就是用户对产品的第二印象。"9"相对于其他数字来说，一直以来得到了很多定价者青睐，比如本来是定价200元的产品，定价者喜欢减掉1元，变成199元。

之所以会这样，是因为大多的消费者也很喜欢"9"这个数字，

第二章
爆品的五大要素

只是减掉区区1元，但在消费者的脑海里会有这样的印象"199元真的挺划算的，还不到200元"，进而认为值得购买。

把本来要定为整数的价格减掉一两元，这就是临界点定价法则，这是藏在定价里的小心机，通过压缩了极小的价格却得到了极大的回报，对于打造爆品的"高性价比"元素来说同样适用。

2. 利润持平法则

利润高的产品，一般对于用户来说性价比不高，因为利润高的产品一般定价也随之提高。所以，可以把利润设计得相对低一点，比成本稍微高一点就可以了，这样一来，用户就会觉得物超所值。

另外，有的爆品目的不是在赚钱，而是用来引流的，简单说只是一个诱饵而已，最终的目的是带动其他产品的销量，所以即使利润相对低一点，也不会有任何问题，相反还会为企业或品牌在后续带来更大的利益。

总之，两个钻石法则，两个黄金法则，总共4个法则，它们组合起来就变成了通向高性价比爆品的螺旋阶梯。有了这4个法则，"高性价比"这四个字由遥不可及变成了唾手可得。

最后，高性价比的产品或服务永远都是消费者心中的白月光，拥有了高性价比这一至关重要的碎片，爆品的拼图才会被完整且完美地拼凑起来。

快速激发消费者的购买欲，与时俱进，去同质化、拥有个性化特色，让人眼前一亮的设计，高性价比，这5大元素相互依存、相互补充，在打造爆品的过程中密切配合，完善并完整地输出了理想中的爆品。

CHAPTER
03
爆品思维

《 第 三 章 》

打造爆品的底层逻辑
究竟是什么?

对于致力于钻研爆品技巧的人，或许他们的头脑里一直在思考：

那些已经成功跻身爆品行列的产品，它们究竟是怎么成功的？

当有人询问这个问题时，就像一个马上要高考学子，在认真而忐忑地询问那些考上清华、北大或是常春藤的状元学霸一个问题：你究竟是怎么考上名牌大学的？

学霸们可能会这样回答，我每天学习到凌晨，早上4点就起床，复习的时候会把电子产品放到碰不到的地方……

而那些已经成功的爆品打造者，也可能会这样回答：广告营销做得好；在研发和发掘产品价值上下了一番苦功夫；决策者经过了艰苦的创业，使产品走了亲民高性价比路线；依靠几个知名网红将流量拉到高饱和状态……

不论是成功的学霸，还是企业家，每个人成功的原因和路线都听起来那么头头是道。其实这些都是表象，而且是最表面的，可以有所借鉴，但千万不要认为，学习了这些，就能够和他们一样取得成功。

这就像一个男网红按照某明星的外貌模板去整容，即使真正整

◀ 第三章 ▶
打造爆品的底层逻辑究竟是什么？

容成为明星2号，却无法像真正的明星红成顶流一样。

实际上，在所有的成功现象和路线背后，是有一整套策略的，就是先做什么，后做什么，这也可以被称为成功背后的底层逻辑。

所以，想要打造爆品，复制别人的模式和经验虽然简单方便，但并不是一个最高效最有价值的手段，相反还可能会弄巧成拙，既成为不了爆品，还可能会成为"李逵"仿品中被消费者淘汰的一员。

真正想要打造出一款爆品，正确的流程应该是这样的：找到打造爆品的适应性策略（底层逻辑）→实践验证→成为爆款。

如果没有底层逻辑的话，你所做的一切动作很可能都是在无效用功，就像一辆没有驾驶员的失控汽车一样，没有方向地横冲直撞，最后只会撞到障碍物而被迫停下来。

在盘点了众多成功爆品以后，下面总共挖掘出4点至关重要的根本性策略，也可以称之为打造爆品的底层逻辑，本章将会一一展开叙述。

第一节　与品牌调性契合高

想要理解这个爆品逻辑的适用性，首先来想象一个场景。

如果你的眼前坐着一位美丽的女郎，她皮肤白皙，眼眸明亮，浑身散发着优雅的气质，当她开口向你说话，你突然吓了一跳。

因为她说话的声音如同一个壮汉那样气沉丹田，声线浑厚，让你感觉到万分不适，甚至你开始怀疑她是不是一位真正的女士。

很显然，因为这位女士的声音太突兀，和她整体美好的形象完全不契合，你最先对她的好印象就此烟消云散了，甚至不想再次见到她。

同理，当一款产品和品牌的调性契合度低，甚至和品牌的风格南辕北辙，也会令用户感觉到不适，甚至极有可能会放弃产品，转而投入别的产品，或者更惨烈一点，直接投入别的品牌的怀抱。

相反，当一款产品出现和品牌的高契合度，无论在功能、外

第三章
打造爆品的底层逻辑究竟是什么？

形、精神文化等方面，与品牌调性达到一致，则会让用户在购买和体验产品时产生一种"还是熟悉的味道"的感觉，从而增加用户的忠实度和黏性，甚至在消费者的大力推荐和分享下，将产品推波助澜成为爆品。

近年来的中国消费报告显示，越来越多的消费者已经抛弃了以前"花心"的消费习惯，转而开始只关注几个品牌甚至某一个品牌。

例如一位在二线城市打拼的25岁单身女性，她关注的彩妆只有花西子、完美日记两个品牌，买化妆品也只是在这两个品牌中挑选，其他品牌要么是不去关注，要么关注了也不会出现大额消费。

根据一项调查显示，单独拿服饰品类的数据举例，愿意选择关注之外品牌的消费者比例，已经从2011年的约40%降到2015的不到30%

这个明显下跌的数据说明了一个敏感问题，如果无法保持品牌的用户黏性，那么将会在激烈的商业竞争中被消费者亲自踢出局。

但是从另一个方面来看，这不是消费者的消费习惯出现了固定模式化的任性，而是对一个品牌持有的依赖和信任在起作用，而稳固地保持这种复利性的依赖和信任，依靠的秘诀之一就是统一产品的风格，并与品牌的调性相契合。

这一点，华为可以说做得相当不错。众所周知，华为的一款手机mate40相当抢手。而很多人不知道的是，在打造产品之初，为了与品牌的爱国调性相契合，华为在营销时特意强调这款手机或将采用国产京东方OLED屏，用来作为国产企业强强联合的一个完美实现。

这个营销点和品牌定位风格高度一致，不仅成为新款手机的卖点，还与旧用户的审美相符，更在消费者中刷了一波好感，而新用户也会在这个过程中被催生出来。

与华为类似的还有奔驰，只不过奔驰是在每款产品的营销文案上大做文章。

众所周知，一直位居汽车领导地位的奔驰，它的品牌定位是"高贵、王者、显赫、至尊"以及"先进性、高品质"。

看看它在每款汽车的营销文案上，是如何用精准简短的文案，把"产品和品牌的契合统一"做到极致的。

奔驰S级轿车：

领先，因为不断向前。

未来的安全技术，已用于今天的汽车。

领先、向前、未来……这些词汇和奔驰品牌定位中的"先进技术、高品质"相契合。

奔驰新款C级轿车：

敏捷灵活，动静之间尽显卓越风范。

C引力 风潮随你。

独领风潮 精英本色。

卓越、风潮、精英……这几个词汇和品牌中的"高贵、王者"

◀ 第三章 ▶
打造爆品的底层逻辑究竟是什么？

相契合。

> 奔驰SL敞篷跑车：
> 征服目标，去攀登新的高峰。
> 从赛车运动到汽车传奇。

高峰、传奇……这两个词汇和品牌中的"显赫、至尊"相契合。

总之，无论华为、奔驰，还是其他大中小微企业，对于旗下一款又一款酝酿于世的产品而言，在消费者的选择面前，所有产品成为爆品机会均等，但是每款产品潜质和实力却不尽相同。

具有爆品潜质实力的产品，往往是在和品牌风格统一步调的过程中，因与品牌达到完美的契合被动成为爆款，然后又能反过来主动带动和升级品牌定位，进而扩大企业和品牌在消费者中的影响力。

但很多企业和品牌都忽略了这种与品牌的契合性，而是将爆品当作一个单独的个体，"为爆而爆，为做而做"，完全不顾及和品牌的黏性强不强，风格统一不统一，最后的结果是，虽然产品销量爆了，但是在各种社交网络和平台上，根本没人分享，品牌的大门也对其紧紧关闭，导致爆品陷入了脱离组织的尴尬境地。

爆品不是一个纯商业化的概念，也不是靠"贴牌"或者借助社交红利的方式，将它推到人们的面前，而是在品牌精神力和产品力的基础上，将品牌风格和影响力进行纵向和横向的全面延伸，它是品牌的亲生骨肉，而不是品牌扔出去吸引大鱼小鱼的红蚯蚓。

具有和品牌调性一致风格的爆品，会让用户在使用和体验过程中，体悟出品牌的价值和观念，从而将品牌纳入自己的心智，如此一来，品牌和用户就能建立起灵魂和信仰层面的链接，这样才是具有可持续发展生命力的爆品。

正如稻盛和夫所说："倾听产品的声音，用心观察产品的细部，就能自然而然地明白问题和查错的原因。"当产品的声音与整个品牌大背景音乐交织在一起，就是一首美妙的交响曲，反之，就是格格不入的噪声。

带着这个逻辑和思路，再回看爆品的打造过程，会发现整个过程更像是品牌文化和风格的再一次强调和进一步深入人心的过程。

换言之，当产品成为爆品的那一刻，就是品牌被消费者二次或多次认可和拥抱的那一刻。

听起来多么激动人心。

当然，也需要足够的时间和实践去验证。

◀ 第三章 ▶
打造爆品的底层逻辑究竟是什么？

第二节　超体验感

如果将超体验感总结成一个字的话，就是"爽"。

提到能让人有"爽"翻了感觉的产品，小米的移动电源是一个，直白冲牙器也算一个。前者开创了平价移动电源的先河，后者将松下、飞利浦等高价冲牙器拉下神坛，让冲牙器飞入普通家庭。

小米不仅仅是价格屠夫，它开发的产品还会让人舒服到飞起。移动电源容量大、轻巧，颜值还高，冲牙器不仅好用、便宜，还便携，关键是价格亲民，不要1998，不要998，98带回家。

在其他品牌争先在高端路线或者价格战上殚精竭虑的时候，小米已经转换赛道，在让用户"爽歪歪"的路上一去不复返，而这条赛道还有一个专有名称，叫作"给用户带来极致体验"。

关于极致二字，雷军曾用过一个形象的比喻，"温水你哪怕煮到99度，也没啥用"，任何事，要做就要做到极致。

很多时候大家都忽略了这一句，而唯独记住了雷军另一个爆款语录是："把自己逼疯，把别人憋死，才能成功。"

不过不管哪一句，都揭示出了打造爆品的不变真理：极致、完全、超级。

在这个思路的指导下，小米曾创过一个记录，在配件组只有两三个人的时候，小米一年中投入的117个项目，其中竟然有69个投入量产。

其实，"极致、完全、超级"这几个词语不仅在企业理念的推行方面很好用，在和用户体验相连接的时候，也会产生美妙的化学反应，大大增加产品的受欢迎程度和复购效应，让其在用户的广泛拥戴中转而成为爆品。

全新的超级体验，是一个爆品应该具备的基本条件。人们的日常生活被各种大牌所包围，甚至被大牌们牢牢掌控，中小品牌想要突围，只能突破原有的产品体验，开辟出一种旧产品旧品牌完全无法企及的全新超级体验。

完美日记就是能够提供这种全新超级体验的爆品案例。在产品层面，完美日记能够提供大牌同厂的产品，而产品的价格又只有欧美大牌的一半，超高性价比给予用户绝佳的产品体验。在情感层面，完美日记在推出新品的时候，密切联合了国际时装周，并且成为诸多大牌明星的御用化妆品，在高端、高级方面大做文章，增强了用户如同高奢私定一般的绝佳产品情感体验。而完美日记因为超体验感，一跃成为彩妆TOP1，在天猫金妆奖评选中一口气拿下5个大奖。

第三章
打造爆品的底层逻辑究竟是什么？

从上面的例子中不难看出，具有超体验感的产品更容易成为爆品。说得更加通透一点，做爆品，实际上就是以用户的心理需求作为产品的终极诉求，尽可能为用户提供具有极致体验感的产品或服务。

想要达到超体验感或者说极致体验这一目标，先要弄清楚用户想要的体验究竟是什么。

"超""极致"都不够具体，具体拆解成下列5个形容词则更加清晰。

> 1. 适用的（Useble）
> 2. 合意的（Desirable）
> 3. 有价值的（Valuable）
> 4. 易找的（Findable）
> 5. 可靠的（Credible）

总结一下，当用户感觉一款产品或者服务适用于自己所需的场景，功能和外观都是自己满意的，能够创造使用价值和其他更高层次的价值，好找而且方便，具有较强的安全系数和可靠性能，就是一款具有"超体验感"的爆品或爆款。

进一步分析的话，再从客户的视角出发，还能总结出关于超体验感的五大准则和标准。

1. 美观性

在颜值当道的今天，全民对颜值诉求比起前十年有了成倍地增长。如今的用户也由初期的"技术控""功能控""低价控"转为"颜控"。

无论是哪个阶层的消费者，大部分人在"好看、美观"的标准上达成了令人惊叹的、历史性的一致。

例如，故宫的文创淘宝、武汉黄鹤楼雪糕的成功，一部分就是依靠颜值成功出圈的。

另外还有Fillico的矿泉水，因为包装精致奢华，可欣赏度高，受到诸多消费者的追捧。有些女性消费者甚至直言它的包装美到犯规，就像是艺术品一样吸睛养眼。

美，从来都是人类内心深处的向往。美观性直接从用户的审美需求这个角度，提高了用户对产品的整体观感，从而使用户产生了强烈的购买欲。

2. 易用性

在智能手机被发明出来之前，大部分用户对触屏功能几乎一无所知，但当智能手机问世之后，几乎人人都称得上是触屏功能的"骨灰级"玩家。

不仅是手机，所有的产品和服务面对的人群大部分是非专业人群，而且不同人接受新事物和学习新知识的能力有强有弱，简单易用的操作方法永远要比复杂费脑筋、学习周期长的操作更受欢迎。

想想当初全键盘手机黑莓的没落，就足以说明这个问题了。

一旦产品的易用性被提高，随之而来的就是用户的好评，购买率也会在一定程度上被拉高。

第三章
打造爆品的底层逻辑究竟是什么？

3. 便捷性

美团外卖、饿了么之所以强势登顶手机应用软件爆款，因为使用它们会让吃饭这件事变得方便、快捷。

以前吃一顿饭需要采买食材、加工食材、烹饪、装盘等步骤，吃完了还要刷碗，收拾厨房、清理垃圾、处理剩菜剩饭等。

而现在却只需要3个动作，打开app、点餐、下单。

以前是做饭3小时，吃饭5分钟，而现在则是点餐5分钟，就能获得以前需要花3个小时才能得到的饱腹感和满足感。与其说用户对该软件趋之若鹜，不如说是无法抗拒超级便捷的用户体验。

大众在生活、工作中追求效率，希望产品或服务能够省时并及时满足所需，便捷就成为一种潮流趋势，也成为产品或者服务的一个高光卖点，抓住它，从某种意义上讲就抓住了用户。

4. 引导性

淘宝的购物网页上有一个购物车小图标，点一下就能够把心仪的商品放进购物车里。这个小小的设计看似很不起眼，却消除了消费者的心理防线，消费者会想"我就是放在购物车里，又不买"。但最后，60%~80%被放在购物车里的商品，会在不久后被消费者下单买回家。

具有引导性的产品或者服务，能够在第一时间、并且能够直观地向消费者传递一个讯息"只差一步，你就能拥有它"，这个步骤看似不起眼，却增强了消费者在购买过程中的真实愉悦感和延迟体验感，会在相当高的程度上引导消费者进一步下单购买。

5. 互动性

现在很多电商购物平台不仅有买家秀，还有各自品牌的买手社区、微信交流群、以及优质评价的抽奖活动等一系列互动渠道。

比如江小白经常在微博上搞的抽奖活动，另外如墨迹天气和雪碧、麦当劳联手推出的"35度，送雪碧"的活动等，都是以和用户互动的方式，和用户进行另一种对话。

这些互动方式能够增强产品或服务自带的互动属性，从而增强用户的黏性和对产品服务的美誉度。在老用户中，这样的互动能够增强他们的复购信心，在新用户中，还能够制造产品或服务很受欢迎的固有印象，一举两得。

最后，来总结一下，超体验的实质是让用户体验到"爽"的感觉，而用户想要的"爽"体验可以参照美观性、易用性、便捷性、引导性、互动性五大准则。五大准则可以单独击破，单独拎出一个去做点状提高，然后作为产品或服务的强势卖点去打造。当然也可以多方面发展，把五大准则集结成为面状网络，综合提高，但要注意有侧重点。

做到如上标准，才有可能乘着流量的东风，一跃问鼎爆品王者。

◁ 第三章 ▷
打造爆品的底层逻辑究竟是什么？

第三节　有一定的市场认知基础

凡是问题，必有因果。

凡是因果，必有表象和本质的区别。

我们表面看天空是蓝色的，本质是阳光中的蓝紫光被大气颗粒散射出来，表面看水往低处流，本质是重力的牵引。

大自然的表象本质好理解，那将原理移位到打造爆品的市场上面，你能看出市场的表象和本质是什么吗？

市场表面看是盈亏赚赔，它的本质却是与消费人群的博弈。

看到表象只能算是看到一群忙碌的蜜蜂，找到本质才能直抵蜂巢，获取甘甜美蜜。

所以，想要找到爆品营销的脉络轨迹，就先要对市场有一定的认知基础。

另外，爆品思维不单单是对互联网经济认知思维的一种升华，实际上也是对市场、消费群体等认知的升华。

换言之，大范围地排雷分析，排除那些无效消费群体，选择适宜本产品的特定消费群体，是一条通往爆品的便捷通道。

爆款的打造一定要参考市场基础和消费群体，大众消费群体对产品不能不知道，更不能有排斥和抗拒的心理，这样才能将打造爆品的流程持续推进下去。

一般来说，提到消费群体，都是指的一般消费者，也就是购买商品和服务的普通消费者，而对于爆品来说，爆品市场往往有特定的消费群体。

对于一般消费群体来说，特定的消费群体规模大不大？有没有可以操作运营的空间？

答案是：大。有。

比如，足力健老人鞋的消费群体，一般是40～75岁的中老年人。小天才儿童电话手表的消费群体，一般是25～45岁的儿童家长。完美日记的消费群体，一般是"95后"的新型消费群体。

单独拿出足力健老人鞋来说，它主要面向的消费群体是中老年人。在中国老龄化趋势日益增长的前提下，2021年5月11日，第七次全国人口普查结果显示，我国60岁及以上人口数量高达2.6亿，庞大的人口群体，让老龄制造业的供需矛盾显得更加突出，这意味着这款爆品老人鞋依旧有强大的市场潜力。

从这些案例中不难看出，只要找准消费群体，一款产品的一只脚几乎就迈进了准爆品的门槛，剩下的只需要在这个群体中制造声势就好了。

第三章
打造爆品的底层逻辑究竟是什么？

这就像有人告诉你，哪里有矿，你只需根据提示来到他说的矿区，不费吹灰之力就能将矿区变成日进斗金的聚宝盆。

假设你对矿区的所在方位一无所知，那么，即使你拥有再先进的挖宝技术，也是徒劳无功的。

找准了消费群体就等于对市场做了一个准确的位置定位，找到了矿区所在，同时明白自己的产品该卖给谁。设想下，如果连卖给谁这个问题都搞不清楚，又如何才能在后期带来流量和销售增量呢？

有了精准的市场定位，才会有精准的流量。

这是在爆品思维中一个显而易见的因果关系。

当然了，了解消费人群只是一个开始，这就像是只看到了浩瀚森林里起始点的一个路牌，后续还需要了解森林的每一条路、每一棵树、每一条河，做更深入的调查研究，最后才算是真正地拥有这片森林。

除了了解消费人群之外，还要了解哪些关于市场的内容？比如说市场类目、市场环境、竞争对手，以及马上要做的产品类目在1~5年间的成交额等。

不过我们现在要说的是爆品特定的消费群体，所以其他的事项都可以先放一放，把聚焦的目光单单放在这件事上面。

看到这，或许有人会说："营销思路我有，资金我也有，只是产品还没成型，所以暂时找不到特定的消费群体，这该怎么办呢？"

这个问题问得很好，说明一些人对消费群体这个概念已经有了初步的认知，接下来可以从消费趋势入手，还原出消费群体的具体面貌，最后根据这些具体面貌决定产品的走向。

当然，消费趋势也有10年、50年、100年的区别，在产品还没成型之前，可以先从未来10年的消费趋势入手分析。

依照未来10年的消费趋势去给产品建模，这不失为一个好策略。

这就像网上疯传的现代都市男女黄金比例分割脸，如果想变成美女帅哥没思路，照着模板整肯定不会丑，因为这是人类共同审美的趋势，诚然也是审美标准。

那言归正题，未来10年的消费趋势是什么？具有巨大商业潜力的消费群体又是哪些人？

关于第一个问题，早几年前王健林曾分析过未来几大赚钱的行业，其中就包括娱乐行业。

正如他所预言的，如今的娱乐行业势头正猛，在大爆发时期曾连续6年增速40%，在中国未来行业中娱乐行业也是屈指可数的致富发家行业。

哪个行业会蓬勃发展，哪个行业会夕阳西下，实际上是市场自身主动选择的结果。

关于第二个问题，再进一步分析现在市场的消费群体结构，实际上正趋向于年轻化、潮流化。

随着"90后""00后"登上了消费舞台，和80后一起成为了消费群体中的主导人群，他们就是具有巨大商业潜力的消费群体。所以，找到年轻人的消费口味，就意味着打通了爆品市场的任督二脉。

例如元气森林、美团外卖、王饱饱、蜜雪冰城，还有一些爆款

第三章
打造爆品的底层逻辑究竟是什么？

娱乐项目，比如剧本杀、密室逃脱等，它们的消费人群大都集中在"90后""00后"，而"60后""70后""80后"消费者的购买率总和已经被前者追平甚至赶超。

用一句通俗的话来形容，谁能拿下年轻人，谁就能拿下爆品的半壁江山。

既然明白了这一点，那不如深入研究研究年轻人的消费口味，然后迎合他们的口味去打造产品，才更容易成为爆品。

如今年轻人的消费口味可以提炼为以下10点：

> 1. 对有态度、有个性魅力的产品有兴趣；
> 2. 消费不理性，倾向于选择喜欢的产品而非适合的产品；
> 3. 认为哪款产品比较"火"，就会掏钱消费；
> 4. 不喜欢将就，追求品质生活；
> 5. 花在吃喝玩乐上的支出占比高；
> 6. 提前养生；
> 7. 热衷于养宠，收集或购买和宠物有关的产品；
> 8. 关注二次元，二次元周边消费增长；
> 9. 品牌观念增强，热衷于种草和分享；
> 10. 超前消费。

从"90后""00后"的消费口味不难看出，未来打造爆品的侧重点在"追求品质、营造火爆声势、打造品牌、提炼品牌产品的态度和个性"上面。

其实早在2018年左右就已经有品牌和商家达成默契的共识，他们纷纷喊出一个口号，"抓住'90后''00后'的心，等于抓住了商机和未来。"

如今，这个消费趋势更是成为新生潮流，也是商机和爆品市场博弈的新战场。

到这里，我们已经清晰地回答了上面提出的两个问题，同时也进一步梳理清楚了爆品的底层逻辑。

最后，顺应市场而成长发展，根据消费群体结构的变化而调整整体的产品和营销思路，可以融合市场所需，转变让产品被动选择市场的局面，转变为让市场追捧产品，让流量和曝光追逐品牌，以期真正达到让爆品燃爆市场、风靡市场的局面。

第三章
打造爆品的底层逻辑究竟是什么？

第四节 不是物有所值，而是物超所值

有位睿智的网友曾经用一句话来形容物超所值的消费体验：

价格很美丽，使用频率高。

那问题来了，对于价格来说，消费者经过比价是可以直观感知的，便宜就是便宜，贵就是贵，价格适中就是适中，那么使用频率又是什么呢？

相信无论是谁，哪怕是任何一个先知先觉的消费者，在把产品买回家开始使用之前，都无法准确地描述出自己是3天使用1次这款产品，还是1天使用3次，抑或是7天零5个小时22分37秒才使用1次。

所以怎么在一开始就让消费者从心底里发出，"哇，只要买下它，绝对买值了"的惊叹就至关重要了。而这，也是成为一款人见人爱的合格爆品的必备功课。

可是，光是让消费者感觉自己买值了就可以了吗？

不，爆品存在的意义是让消费者跳出价格与价值的平衡感，而在购买时有一种赚取感、沾光感、利益最大化的感觉，不仅仅是"物有所值"，而是"物超所值"。

是的，对于用户来说，如果一款产品的消费成本很低，价值却很高的话，那么产品对他们来说就充满了吸引力，产品就容易晋升成为消费者眼中的爆品。

这种感觉不亚于一个饥肠辘辘的食客看到了一桌美味佳肴一样，他只会有一个念头，跑上前将佳肴占为己有，然后高高兴兴地大快朵颐。

不过，让用户感觉到物超所值并不是一个肤浅的命题，它需要智慧的企业做出一些深入的营销和销售动作。

这就像在烹制菜肴的时候不只要放入各色新鲜食材，还要放调味料、调节火候、随时观察饭菜成熟度一样，如果想要色香味俱全，那么就要考虑到一切影响味道的因素，防止饭菜变成味道奇怪的"黑暗料理"。

同理，接下来会有4个切实可行的动作，让物超所值这个目标变得容易实现且容易操作。

再具体讲这4个动作之前，还有一个好用且准确的公式作为物超所值整体思路的垫脚基石，可以以此为切入点进行思考：

物超所值=用户获得总价值-用户消费总成本

从公式中不难看出，影响物超所值的因素来自两方面，一方面是用户在产品或服务上获得的总价值，在用户消费总成本不变的基

第三章
打造爆品的底层逻辑究竟是什么？

础上，这一块提高的阈值越多，最后物超所值的感觉就越强烈。

而另一方面，用户消费总成本也是一个至关重要的因素，在用户获得总价值不变的基础上，这一因素降低的阈值越多，最后得出的数值越可观。

无论是用户获得总价值还是用户消费总成本，都包含两个方面——显性和隐性，那么再结合前面两个因素，自然而然地得出了4个有效动作。

1. 提高显性获得价值

用一句话来简单概括，就是提高产品或服务的实用性和功能性。比如，提高产品的功能、品质，增加产品品种、样式等，并且是在符合客户需求的前提下，根据企业实力，对产品或服务进行不同程度的提高和调整。

一般来说，显性获得价值是客户需求的中心诉求，也是驱使客户选购服务或者产品的首要因素，在满足用户所需的大前提下，提高了显性价值，进行下一步才更具有策略意义。

蜂花是国货当中的老牌爆品，最近又火了一次，源于它进行了一次产品外包装的设计和提高，从而引来了众多消费者的围观，在社交平台上很多消费者表示要支持蜂花，然后蜂花一天就卖出了以前一个月的销量，再次翻红。

2. 提高隐性获得价值

提高隐性获得价值是指，提高客户在使用产品时的愉悦感和体验感。

这种愉悦感和体验感指的是客户在情感上的一种价值满足，这是客户预估产品或服务价值的一个标准。

除了获取产品真实的使用价值，客户使用一款产品的时候，实际上也是获取情感上愉悦感的过程。提高显性获得价值，会让客户对产品满意；而提升隐性获得价值，会间接提高客户的忠诚度，保持客户黏度。

比如说以周到服务和绝佳体验感出圈的海底捞，在服务方面，进门坐下就有人递过来热毛巾，还会给近视人士准备眼镜布，吃饭过程中会帮忙取小料和水果等，美甲、护手、擦鞋等服务一应俱全。在体验方面，如果恰逢顾客生日，还会送上温馨的生日歌和小礼物等。提高隐性获得价值，就是海底捞持续爆火、门庭若市的最大秘诀。

3. 降低显性消费成本

显性消费成本就是价格成本，直白说就是客户需要花多少钱去购买产品或服务。

显而易见，最直接降低显性消费成本的方式就是降低产品或者服务的价格。

可是降价之后，问题随之而来。一方面，客户希望降价；另一方面，客户又担心价格低廉的产品质量没有保证，从而不会花钱购买。

解决这个问题可以找一个适当的降价理由，比如说清仓打折、换季处理、节庆折扣等，另外还有其他方式，比如说以旧换新、办理积分会员卡、赠送折扣券等。这一系列举措，都是在消除客户的疑虑，从而让客户爽快地掏钱。

◀ 第三章 ▶
打造爆品的底层逻辑究竟是什么？

4．降低隐性消费成本

降低隐性消费成本，就是降低除了显性成本以外的消费成本，包括客户接受服务和产品付出的时间、精力、体力等成本。

比如购买保险、汽车、珠宝时，会给客户配备相应的销售顾问，专人解答客户的问题，这样大大节省了客户的时间，降低客户的隐性消费成本，客户自然愿意把省下的时间用于考虑该不该购买商品或服务上面。

以上4个动作，其实就是让客户感觉物超所值的4种方法，值得注意的是：提高显性获得价值是4个方法中最基本的，提高了这个价值，我们才可以谈其他方面的价值。

另外，这4种方法既可以单独使用，也可以进行组合使用，只要让客户感觉物超所值，一切就都是有效方法。

总之记住两句话，拥有价值的东西再昂贵都是超值的，没有价值的东西再便宜都是浪费。

打造爆品的过程中，物超所值的落脚点绝对不是单纯地打价格战，而是让客户感觉到"买的超值，用的舒心。"

第四章

爆品的中心和基点

2021年1月28日，一份《2020年中国商业化新趋势及政策研究报告》发布，这份报告以后疫情时代作为背景，研究并洞察2020年中国互联网将要发生的六大商业化变革：

1. 宏观消费稳步恢复，行业出现新风口，并逐渐替代旧发展模式，成为营销市场新增量。

2. 商业投放思维高度转变，由以前单一化追求，转变为品效合一。

3. 直播营销如火如荼，逆势上扬，广告与电商之间的界限被无限缩短。

4. 商业营销端的产业链重塑，内容经济或将首次成为主导力量。

5. 需求侧重管理，激发国家内需新动能，新国货将迎来高光时刻。

6. 在行业协会引领带动下，疫情展现商业企业社会责任。

不仅仅是在中国，放眼全球的商业化实践，后疫情时代意味着巨大的挑战，同时也意味着商业新风口地出现，一系列产业或将被重塑，企业将迎来新的发展机遇。

第四章
爆品的中心和基点

这个机遇就如同裹挟着贝壳、珍珠、海底宝藏的巨大浪花一样,谁能迎浪而上、乘风破浪,谁就能够推波助澜、浪里淘金。

根据后疫情时代的发展特点和商业趋势,趁势打造爆品,无疑是从浪里淘金的绝好途径。

但任何以迈进、振兴、推陈出新为目标的大发展,都要讲究方法论。打造爆品,其实也有打造爆品的中心和基点"。

中心是解决打造爆品中"做什么"的问题,基本是解决"怎么做"的问题。

只有将这两个问题弄得清楚明白,才能谈得上向爆品发展的新方向迈进。

第一节　中心：创造新品

太阳是太阳系的中心，所以太阳系的一切行星都围绕着太阳转动。

而太阳呢，又率领着太阳系的行星们，以2.2亿年的周期，围绕着银河系的中心转动。

由此可见，一旦成为事物的中心，往往就处于众星捧月的位置，所有的因子都环绕在中心四周，所有的任务都围绕着中心徐徐展开。

对于打造爆品来说，也有一个无可取代的中心，那就是：创造新品。

在信息和物质大爆炸的当今社会，消费者面对的是丰富且过剩的产品和服务，消费者的消费选择比起之前的任何一个时代都要数量更加庞大、品类更加细化。

第四章
爆品的中心和基点

所以有了产品，不等于有了市场。如今的现状是供大于求，而且更关键的是，产品还在迅速且持续地增长。那些同质化严重、差异化极低的产品，已经慢慢淡出消费者的视野，甚至惨遭市场无情淘汰，而留下来的都是"求异、求新、求质"的产品，只有这些产品才能在一定程度上满足消费者的挑剔口味。

所以，如果做简单的理解概括的话，打造爆品实际上是一个创造"求异、求新、求质"新品的过程。

在打造爆品"一个中心，两个基本点"的定位下，实质输出的是实用且适用的方法论，下面就分3个章节，具体聊一下如何去围绕"创造新品"这个中心，高速并有效率地打造爆品。

1. 聚焦创新起置点——用户选择

所谓用户选择，就是在用户为王的时代现状下，如何根据用户所需创造出新品类，从而打造一款爆品。

1997年，农夫山泉瞄准人们对"长期饮用纯净水会影响健康"的担忧，推出了天然水这一新型品类，以强势之姿赶超以纯净水为主品类的娃哈哈，和以矿泉水为主品类的康师傅，在短短几年里，稳稳坐上了饮用水销量第一的王者宝座。

农夫山泉就是根据用户所担心的事情，提炼出用户所需，然后上升为创新新品类的独特卖点，从而打造出了"一瓶恒久远，就是有点甜"的饮用水神话，盘活一个历史近三十年的新品类体系——天然水。

以用户所需作为创造新品的新起点，有着一个显而易见的优点：易得用户心，戳中用户的痛点，引起用户的情感共鸣。

还有一个案例可以更好地解释这个观点。大概在十几年前，蒙牛推出了一款叫作"晚上好"的牛奶，当时营销点聚焦在"晚上喝容易吸收"的概念上。在蒙牛推出这款牛奶之后，伊利、光明、三元纷纷跟进，也接连推出了晚上喝的牛奶。但最后哪一款产品都没有成功，甚至接连下架，这是为什么呢？

因为晚上喝的牛奶虽然好吸收，但也同时出现了另外一个问题，容易发胖，很多用户就是因为担心这一点，从而不买"晚上好"牛奶。洞悉到用户这一需求和选择后，蒙牛在2019年推出了另外一款"晚上好"牛奶，但这一次更换了营销点，将"容易吸收"换成了"晚上喝睡得香"，随之更换了配方。

结果销售出奇地好，截至2019年底，这款牛奶已经拿下接近7亿元的订货量，将一款下架的"冷品"扭转成为"爆品"。

蒙牛的做法不得不说是在基于用户选择的基础上做的明智的决定。试想，如果一个企业打造的一款产品，完全属于"自嗨"型产品，也就是说自己感觉功能强大、品质一流、价格实惠，但用户没有感觉，甚至和企业的自我认知大相径庭，那么企业就相当于白干。不光是企业的努力全部付诸东流，同时也是浪费企业的生命和时间。

另外，对于成功打造一款爆品来说，一部分人喜欢这款产品或服务不代表绝大多数人喜欢，还要兼顾大众化和消费频次两方面，才能够清晰地梳理出创造新爆品的清晰脉络。

第四章
爆品的中心和基点

（1）大众化：爆品倾向大众的选择而非小众，借助人群类别广的天然优势，容易推广。

网红餐厅云海肴推出过牛肝菌牛蛙的新品，大受欢迎。其实刚开始餐厅是想把牛肝菌直接作为爆款菜品推广的，但后来考虑到牛肝菌属于小众菌类，很多人都不知道牛肝菌，在推广的过程中成本过高，需要反复给食客科普牛肝菌的概念和知识，效果还不一定好，更不一定让顾客有印象。

后来，餐厅索性就把牛肝菌和当时比较热门的食材牛蛙结合。这样有两点好处，一方面可以缩减科普新品的成本，另一方面还能给新品附加热门价值点。果然，牛肝菌牛蛙，二牛强强联合，成为餐厅当时的爆款新品菜肴。

对于消费者来说，脑海中被植入新的概念需要一定的时间。但新品期对于一款新品来说至关重要，小众的新品可能还没等在消费者面前混个脸熟，就快速被更新的产品替代了。

所以，一开始就要选择大众接受度高、容易口耳相传的产品，才是让爆品越往前走越受欢迎的黄金法则。

（2）消费频次高：不会拘泥于固定场景，场景的应用广，适用范围大，容易复购。

有些东西受众很广，但是大家不经常更新或者消费，这些东西倘若又非常便宜的话，消费者买一次用很久，企业无法找到盈利点，从而陷入生产经营的恶性循环。

比如一款面膜伴侣产品，只能搭配面膜使用，应用场景单一，受众很小，对于企业来说，面膜伴侣的价位又不可能定高，盈利点很低，所以总体来说没有爆品价值，相反还会对企业产生负面内耗，拖企业的后腿。

与上述例子相反的是自热食品，在2018年，网上发售的自嗨锅意外走红，3个季度销售额就已经破亿，成为自热火锅中的新势力代表，2019年又顺势推出了自热米饭，年销售额突破5亿元人民币。

随着单身经济发展，年轻人不爱在家做饭，一个人吃饭的场景增多，自热食品受众变广。同时，因为自热食品不受消费场景限制，办公室、郊游、家里，甚至在车里，各个场景都可以食用，因为这个新品类而逐渐走俏爆火的自嗨锅、莫小仙，也逐渐成为品牌爆款。

总之，打造爆品创造新品类的过程，其实就是舍小众迎合大众，并且最大范围的扩大产品或服务的应用场景。这样花费的成本是最低的，而取得的效果却是最好的。在找对用户所需的关键点上，选择比努力重要，好的产品选择思路比经验重要。

最错误的做法是和用户的认知和选择做对抗，最正确的打造爆品做法是在大众用户选择的基础上做加法。

2. 爆品创新三剑客：目标、体验、情境

在爆品创新的风云道路上，存在着三大剑客，它们分别是：目标、体验、情境。

在产品成为爆品之前，实际上存在着广泛的创新空间和巨大的市场潜力，但这并不意味着每个方面都要绞尽脑汁做创新和差异化，只要抓取创新重点，在目标、体验、情境3个方面做文章，就能快速出圈突围，触达用户所需，成为用户心之所向、心之所选的大

◀ 第四章 ▶
爆品的中心和基点

爆品。

如果把目标、体验、情境按照剑客的身份重新命名的话，那么它们的角色分别是：

> 目标：新品质剑客
>
> 体验：新功用剑客
>
> 情境：新引流剑客

这三大剑客同时也是爆品创新的三个关键内容。

下面通过爆款案例，一一详解这3个关键内容。

（1）目标（新品质剑客）：不断打磨产品、提高产品的品质

爆品创新有4大重要元素：有品质、有价值、有颜值、有差异点，其中有品质是占据首位的元素，同时也是占据消费者心智的最有力武器。

毕竟无论哪一个品牌和产品，要想最大限度地获得消费者的青睐和爱戴，最终成为爆款产品，最根本的还是要看品质好不好，质量过关不过关。

毫不夸张地说，品质是产品的生命，也是整个品牌立足于消费市场的基石。在铺天盖地的广告营销和花样百出的玩法模式面前，品质好3个字最抗打，更何况专注打造品质还有一个无与伦比的优点：不会带来容易破灭的市场泡沫，持久稳固，经得住市场的长期考验。

有一项数据显示，中国消费者关注的焦点一直聚焦在两个方

面：质量与安全。二者占比各占将近50%。从近两年那些跃升跻身于年终网红爆品榜单的产品来看，往往是那些专注提升品质的良心产品。

依靠小手段和小聪明出名的产品和服务，可能一时会乘着东风红利火一把，但等消费者发现并没有自己预期或者是广告宣传得那么好，就会被迅速打回原形，丢掉市场份额，无法翻身。

在打造良心品质方面，茅台首屈一指。在销售数据上，这位传统酒水行业的老大哥，并没有因为互联网时代的发展推进而变得落寞，甚至在熬过2000年的"夕阳产业论调期"之后，呈现出了一种迅猛的发展势头、迎来了爆发式增长。

其实茅台也出现过亏损，但是却顶住了压力，拒绝降低产品质量，坚守品质底线，依旧坚持酒要五年才上市，不卖新酒的策略。并按照二十四节气作为生产周期，在端午制曲，等重阳下沙，后又经两次投料、九次蒸煮、八次发酵、七次取酒……茅台基酒的生产周期长达1年，生产完成后，需要再贮存3年以上，才会进行勾兑，最后再贮存1年方可出厂，整个生产过程长达5年之久，少一天都不行。

虽然茅台每年的生产量极低，但消费者对茅台的追捧一天没有停止过，甚至经常在市面上出现一酒难求、重金收购茅台酒的局面，这和茅台坚守住质量底线有着密不可分的关系。

随着互联网经济时代不断发展，以及各项标准的细分和提高，其实市场和时代对产品品质的要求也在不断提高，爆品创新的立足点不仅仅是需要企业坚守住以前产品的品质，更需要在市场时代新

第四章
爆品的中心和基点

标准的前提下不断精进成长，打造出与市场发展同步的一等一优良品，这是打造爆品的目标，也是爆品创新的第一关键点。

（2）体验（新功用剑客）：丰富用户对产品或服务的功用性和情感性体验

深入各大社交平台，会发现那些喜欢"种草"的博主们，在提起一款产品时频繁用到的词是"好用""好吃""好玩"，"90后""00后"还会用"梦中情×""绝绝子""yyds!"来形容这种超功用性的绝佳感受。

用户在产品或服务的功用性得到了最佳的体验和最大化的满足，就意味着产品对于用户来说有着不可抗拒的魔力，从而更容易被用户带货分享，成为爆品。

另外还有一点，就是爆品所带来的情感附加值，也是能够引起用户情感共鸣的重点，能够直接建立产品与用户的信任连接，让用户久而久之对品牌产生浓厚的兴趣和依赖感，精神层面得到满足，在情感上与产品和服务产生一致性认同。

无论是以前的营销文案：

> 农夫山泉有点甜。
> 我的眼里只有你。

还是现在的营销文案：

> 价格不坑爹，品质不打折，我是江小白，小酒中的战斗机！欧耶！
>
> 你在乎了很多事，却总有人只对你更上心。

这些走心的文案，都是在与用户建立情感共鸣，达到情感共融相通紧密相连的效果。

当然，想与用户建立起情感共鸣，提高产品的情感附加值，增强用户对爆品的情感体验，绝非写好营销文案一个思路，还有用品牌代言形象替代产品、借助直播带货满足线上交流、用故事树立品牌情感内蕴、用视觉传达满足情感需求等一系列手段。

总之，爆品创新不仅要"走身走形"，还要"走心"，兼顾二者，并打造成为用户的极致体验，才最终撬动用户的消费动能，使之成为"不断被消费者种草，在消费者好感中大行其道"的市场爆品。

（3）场景（新引流剑客）：用场景化的内容将产品推送到用户的面前。

爆品与一般产品不同的是，除了功能性之外，还拥有着强大的传播、引流能力。而将爆品推到流量顶端的不全是资本，也不全是广告语，而是借助场景打造的一系列营销思路。

譬如西贝莜面村的菜品蒙古牛大骨，一经推出就受到消费者的追捧，其实它的思路很简单，顾客从一进店开始，就会看到店内到处挂着蒙古牛大骨的广告，屏幕上循环播放广告，点餐的时候营业

◀ 第四章 ▶
爆品的中心和基点

员会不断介绍牛大骨菜品特色,这么一个流程下来,从进店、点菜再到消费,其实消费者都沉浸在蒙古牛大骨这道菜的具体场景中,自然而然会印象深刻,并大概率点这道菜,甚至还会在生活中去和亲朋好友传播分享,最终达到成为爆品的目的。

不仅是线下,现在线上包括直播平台最流行的沉浸式营销、沉浸式带货直播,都是以场景带动流量和传播的鲜活例子,未来也会成为爆品场景化营销的趋势。

最后,爆品之所以有着强大的生命力,大部分都是因为爆品以目标、体验、场景为爆品创新的三个基本点,或者说是三剑客,最终将产品塑造成为一流、甚至是超一流的爆品。只有让产品真正成为爆品,而不是简单停留在重金引流、营销号尬吹、买粉丝等低级营销层面,才能让爆品成为品牌核心,深深地打入消费者的消费意识当中。

3. 横向置换策略

如果说前面两节是讲如何把打造爆品框定在中规中矩的范围内,进行"小创新",那这一节的重点是讲打造爆品的过程中,如何最大限度地寻找产品的差异点,玩点不一样的"大创新"。

小创新会让爆品有七分形似,大创新才会让产品从里到外"神似"创新爆品,有脱胎换骨般的蜕变,创造其他产品无法比拟的爆火奇迹。

这里的"大创新"可以用到一个策略:横向置换策略。

简单说就是根据产品的特性进行跨界打造,比如说做食品的可以往快销品方向打造,做日用品的可以往艺术品方向打造,做化妆品的可以往时尚用品方向打造等。

　　这样做的好处是，因为以前的产品线路和风格都被不同的企业多次尝试过了，很难做出新意和新成绩，但如果换一个风格和产品线路，就会给人带来耳目一新的感觉，进而触发新市场和新的业绩增长点。

　　这就像参加户外运动，如果你走一条被前人走了成千上万遍的老路，抵达的只会是同一个目的地，而且其他人因为熟悉路线，往往都比你早到，即使你耗尽力气，也永远不能超过前人。但是如果另辟蹊径，那看到的不仅是前人未看到的风景，而且可能还会发现更广阔的一方天地。

　　另外，随着5G时代变革的愈演愈烈，市场上品牌数量剧增，产品生命周期快速缩短，产品更新换代比维修还要便宜得多，市场产品品类极度细分，广告接近饱和。企业焦头烂额的同时，上述这些问题还没有解决，随之而来又出现了新的更加严峻的问题，比如新品推介流程越来越复杂，消费者也变得越来越难以被打动等。

　　而这时，跳出原有的产品界限和壁垒，去掉陈芝烂谷的老旧产品模式，进行新一轮的探索和创新，走一条前人从未走过的路线，让产品以一个崭新的面貌打入消费者的视野和市场，夺取更大更新的利润和市场空间，就具有了非凡的战略意义。除了跨界这个词，还可以用另一个词来替代：打破。

　　打破可以存在于爆品创新的方方面面，比如：

◀ 第四章 ▶
爆品的中心和基点

> a．打破产品功能界限
>
> b．打破目标消费群界限
>
> c．打破使用方法界限
>
> d．打破使用场合界限
>
> e．打破渠道界限
>
> f．打破价格界限
>
> g．打破促销界限
>
> h．打破营销组合方式界限

"跨界"中包含以上策略，并且还有其他类别的策略加以补充，因为篇幅原因就不一一赘述了。值得注意的是，打破要素中的几项不仅可以单独存在，有时还可能互相交叉，进行重新整合应用。

例如，把易变质的奶酪变成冻干的奶酪，把米饭变成小米锅巴，把坚果去壳变成追剧零食，这不仅是市场营销中的"新把戏"，还是让产品焕然新生的必杀绝技。

沃隆的每日坚果曾创下累计坚果销售4000万袋的记录，如果问沃隆的每日坚果和其他的坚果产品有什么不同？其实就是选取了六种常见坚果：蓝莓干、扁桃仁、腰果、核桃、蔓越莓、榛子仁，然后将它们按照一定的配比组合到一起。

每日坚果通过巧妙的方式，让消费者产生一种错觉，吃了这六种坚果，每天所需的营养就得到补充了，不用再摄入其他额外的营养。坚果不再是零食，而被沃隆横向置换成了每日必不可少的营养补充剂。

跨界横向思维是一种创造性的思考，现代营销大师科特勒曾经把这种思维称之为"跳出盒子的思考"。具体操作是：通过选择一个置换的焦点，然后进行横向置换以产生刺激，最后把旧事物和新概念建立一种奇妙的链接。

墨迹天气是把这种建立奇妙链接的跨界做到极致的大玩家。从2015年开始，墨迹天气就联合雪碧、麦当劳持续开展35度活动，简称"送雪碧"活动。据了解，在2020年整整一年中，参与35度活动的人数达1500万，麦当劳送出的免费雪碧数量也高达818万杯，火爆程度堪比全民直播。

经过这次跨界，墨迹天气从一个从最初简单的天气查询应用软件，成为一个以查询天气为入口，连接几大重点生活场景，且服务功能越来越完善的综合类应用软件，知名度和美誉度得到大幅度提升。

墨迹跨界的思路非常清晰，他们清楚地知道自己的优势是用户规模，还有"天气"这个入口和切入点，于是围绕这个焦点去做传播，在气温升高就送雪碧的活动中，新颖主题切中了年轻人追随新话题新潮流的精神内核，提炼出了跨界活动的精神价值，从综合维度带来品牌在价值感、美誉度的总和提升。

所以，对于打造爆品来说，要敢于越轨，敢于跨界，这有助于产品跨越旧有的市场和旧用户，通过原创性的概念引入，巧妙的连接设计，开发并激发出新的市场、新的用户和企业利润增长点。

不过，在爆品跨界的同时，需要对跨界方式和跨界内容进行一

第四章
爆品的中心和基点

定程度地深入挖掘，如果只是浮于表面的生硬组合，不但会让人感觉不搭和出戏，还难以产生持久的效应。

在2021年初始，一款名为"醉不上道"的奶茶悄无声息地下线，这款奶茶是泸州老窖百调公司与茶百道的联名奶茶，是泸州老窖为了打入年轻消费群体布局的年轻化跨界产品。但是因为"奶茶+不醉"的生硬组合，空洞而缺乏说服力，让年轻消费者接受起来很无力，而泸州老窖以前的老用户中老年人大部分又不喝奶茶，导致跨界奶茶陷入了尴尬的局面。

从上面的例子可以看出，跨界并非单纯地"走一条新路"，而是走一条和新市场相通，并和目标用户的特点紧密结合的路，如果跨界只是生硬地把创新的产品变成"空中楼阁"，忽略目标用户深层次的需要，那么注定是不会成功的。

同时，有的低水平横向置换的跨界，因为没有考虑到彼此内在的契合度、市场的接受度以及思路的成熟度，跨界不成，还会损伤自己的"老本"。

比如以做电脑起家的苹果，在1986年的时候推出了服装品牌，上面印着品牌标识，看起来像是苹果的工装。当初苹果推出服装品牌的目的不单纯是为了跨界，也是因为发现自己员工穿制服工作的时候很卖力，从而产生了跨界卖衣服的念头。因为不成熟的跨界思路，苹果服装一经推出，不仅收获了外界的嘲讽，就连自己的员工都对这个品牌的服装嗤之以鼻。

总之，横向置换策略是一种技术含量较高的创新爆品的方法，用得好会一炮而红、一飞冲天，用得不好则会一落千丈、一泻千里。所以在操作的时候，一定要注意打破不是无根据地创新，跨界不是天马行空地想象，一切要切合实际并以用户的深层需求为前提。

◀ 第四章 ▶
爆品的中心和基点

第二节 基点：客户导向、占领客户心智

在围绕创新新品大中心下，经过一轮又一轮爆品的试错和摸底，通过横向置换策略，在目标、体验、场景上对产品进行重新配置，让我们来到了最后一层级，找到了爆品竞争的最终战场——以客户为导向，最终全面占领"顾客心智"。

可是随着新品推出市场的周期不断缩短，出现了一个让人玩味也特别无奈的现象，虽然每一年市场上都有成千上万的新产品上市，但是，成功跃升为爆品的却寥寥无几；或者成为爆品之后，很难守住自己的江湖地位，不久后就会重归沉寂、查无此品。

这从淘宝"双十一"的厮杀中可见一斑，销量榜单Top10的品牌或产品几乎每年都会大换血，连续3~5年上榜的只是极少数。所以，在爆品创新一路高歌猛进的背后，是企业无法言说的"不爆""不火""没人买"的隐痛。

如果去调查一下隐痛之下的原因，就会发现每年很多企业的新产品或新品类创新极有创意，甚至可以说是天马行空，令人惊讶，实则是创意泡沫，经不起市场考验，一戳就破；或因缺乏广泛的用户心智认知基础，而难以被认知和接受；再或者因创新太过偏离了用户的关键需求，难以大范围推广。无论上述哪种情况发生，均属于无效创新。

在打造爆品之路上，真正有效的创新是以客户为导向，以用户的关键需求为基础，以极致创新的产品，快速引爆目标区域的消费者，全面占领用户心智。

这样做的好处是，不仅能够摆脱大批量产品设计或者创新研发带来的经济和库存压力，让商品以高效率的速度回转，还能最大程度地压缩运营、管理、营销、广告等投入，让负重前行的企业得以轻装上阵，在商业战场强势突围。

一个比较好的例子是小米手机，在当时智能手机普遍涨到3000元以上的价格，小米手机以1999元的价格，以客户追求"低价好用"为导向，快速完成对消费者心智的占领，速度之快令人咋舌，首发预订量达到了30万部左右，3周内的发货量，竟然每天都在3000部左右。

总之，以客户为导向，完美的心智占领是实现新品类的重要一环，也是爆品方法论的两大基本点。

1. 全员占领，而非某个销售或某个部门

在爆品创新这条路上，究竟如何有效打造爆品呢？

曾经有一位互联网产品经理总结了二十四字的爆品真言：

第四章
爆品的中心和基点

"高质量、低价格、高频次、高使用、易传播、可复制、有场景、有意识。"

虽然只有短短二十四个字，却涵盖了生产、产品设计、渠道、销售、营销等方方面面，换言之，爆品不是打造产品的一个方面，而是要面面俱到。

再加上爆品的流量属性，要求爆品杀入市场时不仅要美、爆、多，还要狠、准、快……只有这样，才能最大化地挖掘潜藏流量，充分占领用户心智，让品牌或者产品深入人心，在触发消费场景时，用户能够在第一时间想到本产品或品牌。

既然占领用户心智是一场全面攻坚战，就需要全员联手占领，而非某个销售或某个部门单打独斗，比如二十四字真言里，"高质量"需要生产部门、研发部门和管理部门等的配合协作，"易传播"需要营销部门和设计部门相互协同合作，并且缺一不可。

拿三只松鼠举例，在打造爆品的初始阶段，首先需要研发部门进行产品差异化创新，气泡坚果、益生菌坚果都是三只松鼠研发部门的创意之作，然后设计部门再根据两款新品的产品调性，去将外包装、规格、文案字体等内外细节进行具体设计，将整体的创新思路最终落实到产品和产品设计上。

再拿气泡瓜子仁举例，设计部门把它的外包装设计成为一只略微倾斜的饮料瓶，瓶身色调设计清新，口味分别是白桃味、酸甜青苹果味等几种小清新的口味，同时这些口味也是市场上大热的气泡水口味。这样的设计一方面基于产品创新思路，创意来自口感新颖的气泡水，另一方面也是和研发部门的细致配合，将研发部门的创新态度落实到具体设计上来的一种全面体现。而接下来，又轮到营销、推广部门出场，在一系列符合产品调性、尊重用户所需的营销推广之后，最终将产品以新品形式推到用户眼前，快速占领用户心智。

这种全员配合协作式爆品打法带来的好处是：不仅能够全面统一爆品风格，还能突出强调爆品创新的差异点，让用户一眼就能看到产品，一秒就能记住产品，完成对用户心智的占领，最大限度地刷新和占领用户的认知，让用户把视线锁定在产品上面。

有句话说得好，在爆品的世界中，没有绝对真实，只有带领客户如何去认知产品。

"带领客户认知产品"这几个字，和占领客户心智有异曲同工之妙，但不仅仅是入门级的"带领"，企业最终目标是要想尽办法占领用户更高维度的"认知空间"。

比如小米手机，如果用户对它的认知只是停留在产品类别"这是一款手机"上，那用户大概率不会买，因为没有亮点。想要占领用户最高维度的认知，就要让用户意识到小米是一款"超低价位、性能不错、良心国产"手机。这才有可能驱使用户真正打开网购页面，下单购买小米手机。

没错，上述"高纬度占领"实际上是全面占领用户认知的一个必备原则。如果在用户的认知里，产品只是被用户放在了"产品类别"里，在用户做购买决策时，就会很容易忽略产品，而迅速被认知"同质化"了，"高纬度占领"刚好会规避掉这个风险，从而使产品在用户的思考范畴中，朝着爆品又大大迈近了一步。

◀ 第四章 ▶

爆品的中心和基点

高纬度占领用户心智实际上就像城市搞绿化一样,不仅要在观光道路、绿化带、公园中进行大规模的绿色植株覆盖,还要在山体公园、高架桥两旁进行高度绿化,最终达到放眼望去,满城绿色,一片大好山河的绝佳风景。

当然,全面占领用户心智不仅仅需要在"全员占领""高纬度占领"这两个准则上发力,还需要在三个维度上进行深耕细作,那就是——速度、完成度、满意度。

2. 三维度定江湖:速度、完成度、满意度

分众传媒创始人江南春曾经这样强调,今天的商战核心是认知战,成功品牌就是第一个先打入用户心智的品牌。

从这句话中不难看出,在认知战中能够先入为主其实是一个爆品的黄金策略,但第一名可不是那么好当的,首先要"快",其次要"稳",最后要"好"。

> "快"对应的是占领用户认知的速度;
>
> "稳"对应的是占领用户认知的完成度;
>
> "好"对应的则是占领用户认知的满意度;

在爆品占领用户心智的过程中,三个维度缺一不可,也可以说是"三维度定江湖"。如何才能一统江湖,天下第一,靠的就是达成这三个维度。爆品高手的武功秘籍全都藏在这三个维度里。

先来说"快",也就是速度。

互联网经济时代在诞生之初、发展之中,就因为节奏快,更迭频繁，充满了各种机遇，很多品牌产品能在很短时间内一夜爆红，得到上亿追捧。

成立于2016年的元気森林，就在短短4年内估值高达140亿；微信433天突破一亿用户；三只松鼠仅仅用了一年的时间，就坐到坚果销售第一的宝座。

4年、433天、一年……在时间就是互联网经济生命的速度论面前，慢人一步就抢占不了用户的心智。因为用户第一眼看到的不是你，那么接下来他选择你的概率就降低了百分之八十，剩下的百分之二十用户大概率会回过头去，选择第一眼看到的产品。

天下武功唯快不破，在互联网信息大爆炸的时代，大多数人每天面对的狂轰滥炸般的营销推广信息。在信息洪流面前，想完全接受是不可能的，要么选择全部屏蔽，关起门来不听不闻，要么选择自己感兴趣的去接收。所以简单明了又快速地占领用户心智就显得难能可贵了，这会造成一种"第一眼效应"，哪天真的遇到这个问题，用户会在第一时间在脑海中反映出这个品牌或产品。

回想一下大部分人去逛街买衣服的场景，这个道理就很清晰明了了。据一项调查显示，80%的人都会买下第一眼相中的衣服，那些看第二眼、第三眼才能打动人的衣服，大概率只能在角落里面吃灰。

再说"稳"，也就是完成度。

在山东有个做桃子的农产品牌名叫桃本桃。当初桃本桃刚投入市场时，一个桃子卖10元，最贵的一颗"88元"，大家都觉得这个品牌疯了。后来这个品牌陆续送了一批产品给亲朋好友和渠道商试

第四章
爆品的中心和基点

吃，结果效果很好，桃子的复购率达到95%，直到后来供不应求。在2018年，桃本桃还获得了预计上千万的天使轮投资。

桃本桃有一句令人印象深刻的广告语：天下第二好吃的桃子。

简单不过的9个字，却让消费者脑海中一直不停浮现一个问题，为什么它是第二好吃呢？第一好吃的桃子又是谁呢？因为有了这样的疑问，再加上品牌之前走的"定高价"策略，对消费者产生了明显的印象刻印，桃本桃这个品牌随之被人深深记住了。

从上面这个例子不难看出，所谓"稳"，也就是完成度，其实就是在打造爆品的过程中，让消费者在心智上给你的品牌或产品打上一个你理想中的标签，定位才能够成立。

倘若一个品牌一款产品在接触市场、客户时，没有传递出自身鲜明的品牌信息，就代表完成度不好，也意味着整个占领用户的动作没有价值，因为品牌没有有效地在消费者心智中占有一个位置，也没有给品牌贴上能够记忆的标签。用户在想到品牌和产品时几乎是一片空白。

想必哪个品牌或企业都不想竹篮打水一场空，更不想花了钱还赚不到吆喝，在占领用户的清晰度和完成度上发力就能最大限度地规避这种风险，将品牌或产品深深植入用户的心智之中。

最后说"好"，也就是满意度。

简单来说，就是用何种程度占领用户心智，会让用户最满意、印象最深刻？

有人可能会说，越复杂越好，最好让用户感觉摸不透、神秘，才是一款能让用户记住的准爆品。其实，正确答案恰恰相反。

与复杂神秘相比，简洁、精准概括、有特点，才会让用户记住产品或品牌的记忆点，并固化成为对品牌或产品的标签。

例如，早期的爆款广告语：

> 娃哈哈：我的眼里只有你。
> 蒙牛酸酸乳：酸酸甜甜就是我。
> 强生：天生的，强生的。

还有，如今主流爆品的广告语：

> 元気森林：0糖，0脂，0卡路里。
> 完美日记：每一步，都出色。
> 小米：小米为发烧而生。

他们的共同点无一例外都是越简单越好，定位越清晰越好。

除了上述几个例子之外，OLAY小白瓶、YSL唇釉等，都有一个特点，就是简单却很有特色。

因为有特色，更容易成为大众的记忆点；因为简单更容易传播。大量的互联网素人可以经过简单地生产内容和高效率地输出价值观，让整个爆品的裂变传播具有广泛的执行基础，快速占领消费者心智。

在速度、完成度、满意度三者中，速度快是必然条件，完成度+满意度是重要条件，满意度是最终指标，三者互相配合，密不可

◁ 第四章 ▷
爆品的中心和基点

分。另外在这三个维度之外，还有一个隐藏条件：占领方向。

什么是占领方向？占领方向实际上就是抢占创新品类的细分品类。在这个发展速度极快的时代，不仅是产品创新品类细分严重，心智资源的抢占也已进入细分和差异化时代。比如你很难抢占"智能手机"用户的心智方向，但你可以抢占"智能老年手机""智能学生手机"等细分方向。

同理，你也很难抢到元气森林的"0糖气泡水"，但你至少可以占到"0糖鸡蛋果口味气泡水"的细分领域，所以不是占领用户心智的方向画得越大越好，而是要精准到某一个点，把这个点当作突破口，切入用户空白心智区域，规避和其他品牌正面交锋的风险，从侧翼纵深打入新的市场，触发爆品的创新先机。

总之，想要在占领用户心智的爆品功课上得满分很难，但成为第一个、好的、简单的、最令人满意的产品，往往是比较容易的，凭借"快、稳、好"，在用户心智中掀起一股"突然、突破、突出"的优等爆品风暴，就会将自己的产品推向创新爆品的至尊顶峰。

3. 共谋情感价值

在打造爆品之路上，有一个万年不变的现象。

无论时代怎么变化，媒介怎么变化，创意怎么变化，渠道怎么变化，品牌和产品传达出来的情感价值观，和与用户缔结的无形情感连接，是不会发生变化的。

这也是除了使用价值之外，用户在产品上获取的另一个价值——情感价值。

这就像无论365天中有多少气候变化，但是自然规律没有发生任何变化，一年四季，白天黑夜，这些都是永远不变的。

而这些自然规律主导着一切自然现象，就像爆品的情感价值主导着一切爆品价值。

好的故事能够让人产生共情，在听的人和讲的人中间出现连接效应。好的爆品也有共情能力，把品牌产品和用户紧密连接起来。

这种共情能力实际上也是一种营销，可以称为与用户共谋情感价值。与其他营销最为显著的区别在于，共情营销不再是把重点放在品牌有什么实力、产品有什么好处和功能上，而是把重心转移到用户身上——注重描绘品牌、产品、服务为用户的生活、学习带来的美好附加价值。

例如，快手曾在十周年时，向新老用户发布了品牌宣传片——《快手十年，为更好的生活》。纪录片邀请来自不同领域的网红、"老铁"们，主题是围绕着近十年内用快手记录下的一些美好片段，并在这些片段中表达出了对未来美好生活的向往。

快手的这部宣传片，巧妙地将"快手=记录美好生活"这个情感标签推送到了大众面前，这个短视频平台对于用户来说，突然就不仅仅是个平台，而是被赋予了不可替代的情感价值。

在用户、品牌、产品三者之间，建立密不可分的情感价值连接，不仅是表达品牌自我个性和三观的好机会，也是抢占客户心智的一张漂亮的"感情牌"。

是的，共情营销的一个好用的方法。比如野兽派鲜花，它立足于表达自我"一生只爱一个人"的品牌价值观，用户凭借身份证只

第四章
爆品的中心和基点

能送一个人玫瑰花，意欲品牌崇尚爱情的忠诚唯一，在情感层面和用户达成"忠贞"共情，自然大受用户追捧。和野兽派类似的共情营销还有DR钻戒。

在共情营销中，价值观往往会影响品牌、用户、传播者和销售者，根据传递次序顺位，第一是品牌，第二是销售者，第三是传播者，最后才抵达用户。在这个过程中，价值观既站得住脚，又能戳中用户的情感所需，才会让传播者愿意主动传播，用户愿意买单。

爆品之所以会爆，不仅仅是它固有的品质优于竞品，还有一个至关重要的原因，爆品背后有一群愿意主动传播它的用户，这群人就是爆品的尝鲜者，也是承担品牌"共情"价值观推广的主要力量。

比如江小白作为新品发布时，曾在微博上发起过一个话题#遇见江小白#，有高达5.9万的阅读，还有5000+的讨论，这些参与讨论的粉丝们，就是承担江小白共情营销的力量群体。

这个群体有个鲜明的特点，当他们接触到一款跟市面上产品与众不同的新品时，愿意主动给圈子内的人分享体验和使用心得。如果进行数量换算的话，当一个新品发布，能够收获800～2000个粉丝，那么它就具有爆的潜质。

然后，这800～2000个粉丝再通过网络分享、社交转发等一系列行动，裂变出数万甚至数十万量级的传播效应和价值，这种价值会被网络留存，并得以进一步传播。而这条路径背后，需要的是品牌产品的共情营销，先打动一群粉丝，再用这群粉丝带动起更大范围的用户群体。

当然，在一定层面上，客户在传播爆品和爆品价值观的同时，爆品也在占领和重塑客户的心智。

比如褚橙的爆火，有一个原因就是褚橙在营销的时候运用了共情营销，将产品和褚时健的励志、坎坷、传奇的一生联系起来，重点营销褚时健75岁再次创业，用11年的时间耕耘了10 000亩的橙子，东山再起成为一代橙王。第一天褚橙开售之后，售出8400单，75万元的销售额。

褚橙的成功在一方面也显示出了共情营销的巨大能量，褚时健从高峰落下又触底反弹引发了很多人的共鸣，拉近了和普通消费者的距离，而褚橙的"人生总有起落，精神终可传橙"这一情感理念，另一方面也重塑了很多消费者的心智，给消费者带去了面对人生风雨困苦的力量。

所以，从另外一个层面讲，褚橙卖的不仅仅是产品，更是观念和故事。

美国品牌故事大王理查德说过一句话，品牌故事是为了帮助消费者解决生活中的烦恼和冲突，让他们产生共鸣。

实际上，随着产业化、工业化的发展，强大的功能逐渐成为产品出售的基本条件，功能效应在营销中的影响逐渐降低，而用户在进行消费时，更多的是追求品牌或产品的精神效应和情感价值。

换言之，以前的品牌或产品成功的原因一半是品质，一半是功能。现在的品牌或产品爆火的原因一半是创新，一半是情感。

所以对于产品的功能效应来说，情感效应是远远大于和领先于功能效应的。此时，品牌共情营销展现的价值观越积极强烈，越会对消费者的行为产生巨大的甚至是决定性影响，从而激发消费者的

第四章
爆品的中心和基点

情感共鸣。

值得注意的是,共情营销虽然很好,效果也不错,但是如果用滥了,滥情过度,就会让人感觉到过犹不及,甚至有不舒服的感觉。另外,共情营销不等于卖惨,不等于模仿,更不等于自嗨,它是基于和用户平等对话的基础上进行的一种类故事的交流,在交流中传播企业或者品牌的核心价值,使得用户通过营销进一步了解品牌和企业的精神内核。

一般来说,爆品的共情营销有以下几种标签:友谊、爱情、梦想、励志、奋斗、情怀、童年、感恩、感动……

标记好这些重点标签后,就可以通过故事化的语言细腻地进行演绎和表达,最后升华情感,将情感传达到用户的心扉。

比如方太有一则广告,将"感谢父母恩"作为传递情感的标签,然后通过一对夫妻做瓷器的故事场景重现,开头将这份情感用故事的形式娓娓道来,"从一开始,他们就决定,要用一生去完成这件重要的作品……"在广告尾声,升华出"孩子是父母今生的杰作,爱不释手,却终究慨然放手"的浓烈情感,用户看完会感受到父母子女之间浓烈的亲情羁绊。这种营销方式打动用户内心,不是生硬堆砌功能化和模板化的广告语,能够直击用户内心深处的情感。

由此可见,爆品的共情营销是主攻用户内心的一种营销方式,不仅需要精准的叙事,更需要动人的价值,让用户从理性层面转向感性层面,与品牌或者产品产生强烈的共鸣。能做到这一点的至关重要的法则是:关注消费者的审美习惯、捕捉消费者的价值需求,才能以情动人，通过共情营销建立品牌好感。

　　这条思路不仅是在打造爆品方面有着非凡的表现，在品牌的推广和企业做大方面，效果也会是深入且持久的。

CHAPTER
05
爆品思维

《 第 五 章 》
爆品的狂欢 ≠ 品牌的胜利

在 2020年的一次企业家圆桌峰会上，当探讨到近年流行的爆品打法，众多企业家争相讨论起一个问题：做爆品和做品牌的先后顺序是什么？

虽然企业家们的见解各不相同，最后，却在一条思路上达成了共识：

对于大企业来说，打造爆品和做品牌可以同时进行，两条腿走路。但是对于中小企业来说，基于之前没有太大的品牌基础，市场认知度弱，可以先把爆品做好，下一步再谈品牌。

不得不说，这一次圆桌峰会格外成功，因为它打破了之前混沌的认知，为打造爆品和做品牌之间框定了一条清晰的界限。可是在此之前，很多人认为只要掌握了爆品密码，打造出了让消费者疯狂追捧的爆品，就意味着品牌的胜利。

实际上，一个爆品的狂欢 ≠ 品牌的胜利，就像小米并不是因为做出了一款产品，而成为现在的小米。

能让小米扬名海外、傲视国内群雄的根本原因是几百上千款产品的沉积，然后是它的品牌效应，一款两款爆品只不过是它发展历程中的锦上添花，绝不是雪中送炭。当然，基于小米的规模，它有

第五章
爆品的狂欢 ≠ 品牌的胜利

底气再凭一款爆品跃居更高的峰顶。

可，小米只有一个。

对于数量可观、占据着大部分市场的中小企业来说，厘清"爆品只能火一时，品牌才能火一世"这个概念，才能在真正意义上凭借一款或者几款爆品，去给品牌增值赋能，从而让自己的企业得到持续的发展。

当然，弄清爆品的短期性不是说暂缓发展爆品，而是把打造爆品的目光和格局放长远。比如，以前打造爆品是为了产品能够大卖，能够赚钱，那么现在打造爆品则可以转变思路，变成借由一款又一款的爆品拉动企业的品牌效应，建立起属于企业本身的商业帝国和商业圈层。

这种转变不是说一天两天就能实现的，也不是说一个月两个月就能见到效果的，需要一个长期的过程，才能达到从量变到质变的递进。

中国有句老话说得好："人无远虑，必有近忧。"看得长远不是为了锻炼视力，而是为了走得更远，走得更稳。

现在，路就在脚下，向更远的方向走，还是停在这里不再走下去，一切都由你来做主。

第一节　彩虹泡沫下的社交红利及性价比

在爆品的诸多案例之中，有一夜爆火后，持续火出天际的产品或品牌，也有爆火以后归于沉寂，最终"查无此品"的先例。

前者比如元气森林气泡水、完美日记、江小白等，后者比如章丘铁锅、微信跳一跳小游戏、黄太吉等。

后者败走麦城的原因，究其根本，正所谓成也萧何败也萧何，很多爆品生于社交红利，却也死于流量抛弃。

拿章丘铁锅举例，随着"舌尖上的中国"第三季的播出，"章丘铁锅"凭借话题性和曝光性，一夜之间蹿红，被很多人捧上厨具产品神坛，"洛阳纸贵，章丘无锅"，成为一时美谈。但仅仅四个月之后，它的销量遇冷，几乎又被同一批人拉下神坛。

在章丘铁锅"凉凉"期间，新浪微博#一首"凉凉"送给章丘铁锅#话题、#爆红的章丘铁锅凉了#话题，分别被网友阅读121万

第五章
爆品的狂欢 ≠ 品牌的胜利

次、33万次,可谓是"全民唱衰"版流量抛弃。

从上面的例子足可以看出,社交红利对于一款爆品来说,是一把双刃剑。因为爆品自带的传播体质,让它能够第一时间乘着社交红利的东风直冲云霄,但也会因为风停了,重重被红利反噬抛在地面,落入地狱。

既然说到社交红利,究竟什么才是社交红利呢?

简单说就是,社交网络能够为产品或者品牌带来大量的流量、用户和收入,这就是所谓的社交红利。

社交红利和3个元素相关:信息、关系链、互动。拆解一下爆品在社交红利中的存在轨迹,那就是:让品牌产品等信息在多维关系链中流动,借助互动、讨论、转发、点赞等模式,引发更多人谈论,逐步产生购买和使用兴趣。

华为nova系列手机在新品上市之际,就运用了社交红利这一有力武器,联合微博,并借助开学季的契机,在校园里发起#nova 5校园Vlog大赛#。

此次活动大概有300位明星大V进驻,50多所高校自发参与,最终话题阅读总量高达17亿之多,原创视频总数超过3000条,视频总播放量突破1.75亿。

华为这一波借助社交红利的操作,不仅引爆了品牌和产品数字化效应,还把粉丝对明星和KOL的喜爱成功转化为对品牌的喜爱,让nova系列产品成功实现一夜成名。不仅收获了可观的品牌营销曝光度,还收割了很多网友的好感,华为官V账号下很多网友花式留言。

可见，社交红利的"引爆"威力非常巨大。利用好社交红利这一关键点，能够最大限度地攫取数字化时代带来的丰厚流量，助推产品和品牌的爆发式推广。

另外，进入社交网络时代之后，用户不仅仅是在购买前参考品牌的流量造势水平和营销力度，同时还会参考其他用户购买后的口碑分享。如果产品或品牌能够利用用户的分享进行流量的裂变与扩散，达成流量的"乘法"而非加法，让用户心甘情愿帮助品牌或产品刷"存在感"，会在更大程度上达成社交红利的最高目标：将品牌和产品自然植入用户心智。

当然，想要达到这个目标，不仅需要产品质量过硬，网络社交互动活动也要设计得够水平，与产品功能相贴合，不"生硬"、不"尬聊"、不"冷门"，精准地把控用户情绪，做好调动，用户就一定会心甘情愿帮你"带货"。

但"带货"的终极目标不是拉动一个爆品或者另外一个新爆品的销量，因为每一次"带货"其实都是重新再来，产品和产品之间，除了流量带动，几乎没有直接的协同效应。

"带货"的最终指向永远是一个品牌，因为无论在增值空间、情感赋能、降低成本方面，品牌永远比爆品更有资格担得起"门面担当"的重任。这就像别人提起小米最新爆火的产品，周围的人可能会回答不上来，但是一提起小米这个品牌，99%的人会一下子联想到"高性价比""好用""品类繁多""世界五百强"等一系列词语，这就是品牌大于爆品效应的具体表现。

因为品牌相对于爆品而言，它是在一个随着时间不断增值的符

第五章
爆品的狂欢≠品牌的胜利

号,在日复一日、年复一年的时间沉积里,消费者对品牌符号赋予了无限的联想和意义,甚至还包括无可替代的情感。

力求做好品牌而非贪图"短期利益"和"假火爆",其实也能帮助企业降低沟通成本。只有品牌立住了,消费者对它产生信任感,然后才能在一次次购买和使用中产生好感和依赖感。

接下来,消费者看到这个品牌的时候,就会自动对号入座,当这个品牌再出其他的产品的时候,自然而然就会有许多消费者奔涌而至,不需要品牌再进行过度营销,强买强卖。当消费者对品牌不仅是存在好感而变成了信仰,就能够产生源源不断的复利效益,甚至是不可估量的偶像品牌效益。

有一个美瞳品牌名叫可糖(CoFANCY),品牌成立于2019年11月,正式上线后,短短30天即拿到天猫金妆奖单品Top1,拥有40%的超高复购率。

与其他品牌的美瞳不同,其他品牌专注打造爆款的时候,可糖却按照50%彩妆、50%护肤的落脚点来打造自己的美瞳品牌,最终将自身品牌定位为"科学&美学"。这个品牌定位不得不说十分吸睛,继热门爆款"冰滴黑茶""月落星海"频频卖断货之后,品牌效应一出来,新品"高光美瞳"也受到用户的追捧,不到一年时间,可糖的销售额已经破亿。

从这个案例中可以看出,当一个品牌不在焦灼于爆品所带来的短期快感,而是追求长期化、长效化的品牌效应时,爆品就不再是没有后继生命力的转瞬烟火,而是品牌的一剂强心针,一个强力助推器,一条持久的生命线。

当用户不再满足于一两款爆品本身,更在意其背后的品牌内容和价值,才有可能打通爆品路线之间的连接,在万变时代守住企业和品牌的恒久价值。

◀ 第五章 ▶
爆品的狂欢≠品牌的胜利

第二节　如何延长短命爆品的生命期

2018年的发布会上，天猫曾联合阿里研究院发布一份新品消费趋势报告。报告显示，有超过20万个品牌选择在天猫平台首发新品，共计发布超5000万款新品，同比2017年增长近300%。

这个数据只是天猫一个电商平台的数据，如果再加上线下渠道和其他平台的数据，可能总量会高得惊人。

另外，尼尔森曾做过一项调查，发现新品的存活周期平均只有短短几个月，新上市的近1.5万个新产品，一年后只能找到50个。

综合以上两项调查数据不难看出，在优胜劣汰、总体生态不断变迁的市场大环境下，一方面，新品呈现爆发式增长，竞争加剧。另一方面，在新旧交替的大环境疾速带动下，新品出现生命期短，从大众接受认可到被大众遗忘，从"摇篮到地狱"，也不过寥寥几十天而已。

既然新品面对的市场环境如此恶劣，那爆品归根结底都是从新品中衍生出来的。依据金字塔原理，顶层爆品的竞争生态会更为恶劣，更为复杂，一旦短命就等于失败，一旦被人众遗忘就意味着爆品的死亡。

可是，如果追根溯源的话，为什么新品、爆品的生命周期会越来越短呢？

根本原因其实是现在很多企业还在根据以往的经验来打造产品。以前做产品，都是基于产品价值、功用、品质去研发、创新，但是依照旧模式研发的新产品却根本无法适应新的消费环境。

那么，面对新的消费环境、新的受众群体、新的营销平台和不断升级的市场渠道，新产品究竟该从哪些方面入手，才能最大限度地延长自己的生命周期呢？

1. 整合优势资源

在市场竞争相当激烈的今天，爆品的生命周期被很大程度压缩，巨大的挑战颠覆了时代的想象，产品面临的形势比起其他任何一个时代都要严峻。

与此同时，每一个企业的能力有限，依靠单打独斗、孤军奋战很难破局，而如果利用周围有效的优势资源，就能够在短时间内建立起系统化的整体优势，成为集众多优点和实力于一体的"多面手"。

众所周知，企业整合优势资源往往是进行优化配置的有利途径，能够突出企业核心竞争力，实现"1+1＞2""1+1＝王"的效果。

这就像你有技术，别人有营销策略，你们把手里的资源整合在

第五章
爆品的狂欢 ≠ 品牌的胜利

一起,就能够做出一款既有技术水准,又有营销战术的产品,从而全面占领市场和用户的心智。

有句话说得好,"能整合多大的资源,就能够把产品做多大。"

马云在创办阿里巴巴时,只投资了区区50万,当时可谓是势单力薄。直到后来在引入多方优势资源,以及和雅虎并购后,阿里巴巴才取得爆发式的发展。

当然,所谓的优势资源包括但不限于风投、合伙人等,一切对全局发展"有用"的资源都能成为优势资源,目的是借力打力,强强联合。

整合优势资源绝非一朝一夕之功,不仅需要从根本认知上做出转变,对符合时代、符合市场规律的新知识、新想法进行更新和归纳,还要在手段方式上进行优化,并切实具体执行实施,二者相互配合,相互协作,缺一不可。

(1)认知上扩大格局,转变"小、狭、短"思维

什么是扩大格局,就是树立商业大局观,着眼于共赢发展和互惠互利。当年蒙牛以100万左右的启动资金,通过不断地租赁、扩展、上市等资源整合模式,如今已和伊利并驾齐驱,成为中国乳业的两大巨头。

还有一个例子是优酷,当年优酷做到市场份额占有量第一,高达22.9%,却果断地合并了占有市场份额第二的土豆视频(12.6%),目的是在减少竞争对手的同时扩大市场份额,持续保持市场占有量,延长品牌生命力。

实际上,很多企业跨不出资源整合的第一步,是因为在认知、

格局上还没有达成和市场发展现状一样的高度，总是停留在"我"而非"我们"这个低度上。

要知道，即使再全面发展的企业也无法面面俱到，要么技术强一点，营销弱一点，要么营销强一点，技术又一般般，但是如果能够找到互补的资源，营销和技术都能做到最优，那么，在资源整合下做出来的爆品，就远比在"偏科""有短板"的状态下做出来的爆品，生命周期更长，存在更持久。

（2）清醒自查，找出现有资源的短板，引进优势资源进行补充

完美日记在创始之初，走的是欧美大牌路线：高端精致。但现有供应链存在无法升级的技术短板，无论是品质还是外形，都做不出和欧美大牌相媲美的产品。

于是完美日记找到了科丝美诗、莹特丽、上海臻臣3个代工厂，它们同时还是迪奥、欧莱雅、雅诗兰黛等大牌的代工厂。就这样，依靠大牌同厂的优势资源，完美日记迅速打开了高端美妆国货市场这一缺口，一经推出，就跃居为各大平台彩妆TOP1。

从完美日记的例子中不难看出，市场发展至今，企业不仅要对市场和用户需求有清醒的认知，还要对自己有清醒的认知，尤其是对现有资源进行全方位的自查，哪里有短板，哪里就是下一步资源布局的着眼点。

只有不断发现短处，不断通过整合优势资源弥补短处，才会最终克服"木桶效应"，让自己的爆品变成铁桶、甚至银桶金桶。

在打造爆品整合优势资源的时候，要遵循以下原则：

第五章
爆品的狂欢≠品牌的胜利

发现原则

整合的核心实际上就是利用,也是借力,想要利用优势资源,首先要发现它们。

发现这些有利资源,要从资金、团队、渠道、专业度、人脉等方面去考察,考察得越细,越容易发现资源的优势所在。

筛选原则

发现了优势资源后,要给这些资源分类,目的是分析资源潜在的价值,并根据价值制定整合方案。

从次数上可分为:一次性资源、重复利用性资源。

从价值方面可分为:保值资源、升值资源。

从持久度方面可分为:短期资源、半永久资源、永久资源。

从范围可分为:大众资源、独家资源。

互补原则

既然资源的关键在于利用,那么整合的关键就在于互补。

只有通过资源互补这一个手段,各项优势资源才能从单独到完全融合,最后达到契合统一。

最后想说,有些人称资源整合是"空手套白狼",或者叫作"拿来主义"。这种说法既对也不对。对的是,如果运用好优势资源整合,完全可以从0到100打造爆品。不对的是,资源整合绝非拿过来那么简单,需要在旧有的资源基础上进行重新分配和利用,并依照市场的实际情况做出相应的调整变化,才能最终获得理想的效果,最大化延长爆品的生命期。

当然,任何一种延长爆品生命周期的方式都不是万能的,它最多只是一种思维，一种手段，最终还要看：你能否使其发挥最大的价值。

2. 切入细分市场

下面要说的这3个爆品想必大家已经耳熟能详：元気森林的0糖气泡水、王饱饱非膨化营养麦片、钟薛高中式瓦片雪糕。

再对照以前的爆款，蒙牛牛奶、格力空调、胡姬花花生油。

你会发现什么有趣的规律呢？

仔细观察就会发现，以前的爆款切入的是大而博的市场，比如牛奶市场、空调市场、食用油市场，而现在的爆品转而切入小而美的细分市场。

比如元気森林切入的市场不是饮料市场，而是饮料市场的细分领域：0糖气泡水。

再比如王饱饱切入的市场也不是麦片市场，而是麦片市场的细分领域：非膨化麦片。

钟薛高就不用说了，大家已经都知道它是高端中式瓦片雪糕细分市场的颜王加口味王了。

没错，你或许已经猜到了，如今爆品战略的主要打法之一，就是躲开头部企业汇聚的大市场，去拥抱头部企业看不上或者被他们忽略掉的小市场，实现局部的特色领先和细分差异化。

这样做的直接好处是避开红海竞争，跳出激烈内卷，专注细分市场领域第一，快速实现爆品到品牌的终极跨越。

说白了，做爆品就是选市场，选市场就是找弱的对手。

试想，哪里弱的对手最多或者根本没有对手？

第五章
爆品的狂欢 ≠ 品牌的胜利

不是那些被头部企业占领的大市场，而是那些几乎从未有人想到或者没有人涉足的细分市场。

这就像一个武林高手要成为全国第一，他需要打败所有省市的高手，而且他的对手还都是各个省市的第一，打起来累不累？难不难？可是如果他想成为某个村某个街道，甚至某个四合院的第一，那就太简单了，因为缩小了领域，他眼前几乎没对手，有时他不用出手就已经是第一了。

世事都逃不过这个铁律：有强者的地方，往往强者如林，没有强者的地方，你才有机会成为强者。

不过话又说回来，随着部分细分市场接近饱和，现在已经不是什么细分市场都可以爆流量的年代了，有时就算把产品做到再好，也不会带来太多的流量，所以一定要选择具有催生爆品潜力的细分市场，这类细分市场一般有以下特点：

> 对某类产品需求量大；
> 同行竞争小；
> 带来的利润高。

从这3个点去研究，然后再去做这个产品，相对来说不仅容易，而且能在短时间内做大，完美日记、元气森林、沃隆每日坚果等都是代表，譬如完美日记选择的是同行竞争小的欧美风大牌同厂的彩妆市场，元气森林选择的是需求量较大的无糖饮料市场，沃隆选择的是利润比较高的健康坚果市场。

另外，其实很多大行业、大市场里面，都有一些细分的小行业、小市场，譬如彩妆市场下面是有唇彩市场、眉笔市场、睫毛膏市场，眉笔市场下面也能细分成细头眉笔和普通头眉笔，细头眉笔市场还可以继续分，以此类推，通过不断地细分市场，来增加在市场中的话语权和占有率。

可以这样说，细分市场是永远挖不尽的，因为买家需求是多维度的，所以产品也是多维度的。记住，不管多强大的产品，都不可能满足所有人的需求。切入细分市场做爆品的一个原则就是不需要抓住所有人的需求，只要抓住其中一部分人的需求就足够了。

除了通过细分大行业、大市场来找到细分市场之外，还可以通过以下3种方法找到细分市场。

（1）通过细分人群找到细分市场

不同年龄、不同性别、不同地域的人群的需求存在着很大差异，对人群进行具体细分，能够精准定位细分市场。

以足力健老人鞋为例，针对的目标人群是40～65岁的中老年人。在足力健之前，并没有哪一个品牌专一细分做老人鞋，市场上大部分是针对年轻人的鞋类品牌，所以在足力健推出老人鞋之后，在中老年群体中就迅速掀起一股购买热。

足力健老人鞋就是通过对人群年龄上的细分，找到了空白的细分市场，从而实现抢占细分市场的先机，达到以切入细分市场成为爆品的目的。

（2）通过细分价格找到细分市场

价格也是一个重要的区分维度。不同价格其实针对的是不同人

◀ **第五章** ▶
爆品的狂欢 ≠ 品牌的胜利

群和市场。比如小米刚做手机的时候，选的是以前手机大品牌几乎没有涉及的低价智能机市场，小米1的价格定位在1999，在这个细分市场内，当时根本没有人是小米的对手。

（3）通过细分产品功能用途找到细分市场

针对产品的不同场景和用途，对应不同的细分市场。拿不同场景举例，三只松鼠的新品主打"元气早餐"这一场景；儿童装健胃消食片主打"孩子不吃饭"这一场景；红牛主打的是"累了困了"这一场景。

根据不同场景找细分市场，切记要从消费者已有认知出发去挖掘真正的场景，尽量避免重新设定一个新场景，后者很难引起消费者的共鸣，更别说在此基础上打造爆品了。

很多时候，我们通过一系列有效的方法，会发现一些特定且空白的细分市场，却无对应的产品，这时一定要有积极的心理准备，因为往往这个细分市场意味着存在打造爆品的机会，你与顶流只有一步之遥。

另外，从竞争格局上看，细分市场虽然简便易行，但是因为受众基数小，相对于主流市场来说竞争力小、市场份额占有量级小，即使完全开发和占领，依旧无法和大市场相匹敌，即使一时带来了巨大的市场流量，后期也很容易出现动力不足、无挖掘潜力的局面。

所以，在一细分市场取得成功后，应当及时做市场延伸，向主流场景和主流市场靠拢，最后通过"破圈"做大品牌规模才是上上之选。

譬如以占领低端奶茶细分市场的蜜雪冰城，因为奶茶市场属于中高端消费，如今蜜雪冰城转换策略，正积极向主流市场靠近。还有占领低度年轻化白酒细分市场的江小白，目前也推出了高度白酒——第3代酒体52度白酒，来向主流市场靠拢。

总结一下，想要在打造爆品的路上一帆风顺，需要进行细分市场的选择，选择的原则是需求量大、竞争小、利润高。不仅可以通过对大市场的细分来进行细分市场的选择，还可以通过对人群、价格、产品功能的细分，来找到空白或者接近空白的细分市场。当选定好了正确的细分市场，就意味着迈出了爆品路上至关重要的一步。

3. 构建"大单品"营销模式

市场从来不乏产品。但是！如果从产品线或者爆品中找出一个响当当的"大单品"，就需要多花一点心思和时间了。

什么是"大单品"？就是那些能够成为市场产品的经典杰作甚至一代人记忆的产品，比如苹果手机、亚马逊、红旗汽车……这些大单品都有一个共通点：能够帮助品牌出奇制胜，一招打败所有对手，保持品牌的绝对地位和旺盛生命力，让品牌长盛不衰。

如果一个企业有产品，有爆品，就是没有大单品，那就等于部队没有统帅，即使部队再精良也是一盘散沙，对手不费吹灰之力，派出一两个精英就能将其团灭了。

一个比较突出的例子就是雅客糖果公司。这个专注于糖果、巧克力、果冻蜜饯、闲点和小食品的公司，仅是品牌种类就有800多个。尽管品种令人眼花缭乱，但却没有一个响亮的大单品，巧克力

第五章
爆品的狂欢≠品牌的胜利

败给德芙，果冻败给喜之郎，就连主产品糖果都不敌阿尔卑斯。

可见，如果一个品牌没有一个令人过目不忘的大单品，在残酷的商业竞争中是多么无助，即使再怎么努力，也只能处于千年小透明的位置。

虽然很多企业已经意识到大单品的不可替代性，但很多时候，大家都在说"创新为王""爆品为王"，却很少人会说"大单品为王"，为什么会这样？

因为现在的产品同场竞技场场爆满，竞争激烈，你来我往，加上新品的生命周期大幅度缩短，很多产品甚至还没在消费者面前混上一个脸熟，就迅速下线了。现在很多普通产品都难立足，何况是大单品？

再加上做一个大单品需要的时间成本和试错成本远高于普通产品，几乎已经没有企业敢贸然跳入红海主动当小白鼠，而是转换了思路做"短平快""收益高、见效迅速"的爆品。

那既然已经有了爆品这个制胜法宝，那么大单品还要不要做？

当然要做，你不做自然会有别人来做，而且爆品只适合突围，突围过后往往后劲不足。想要在风云际会中岿然不动，还是需要大单品在前线压阵。

如今做大单品，做法已经不是传统的方法了，而是在爆品思路的基础上，构建互联网时代"大单品"的营销模式。

要做出一款能够持久发展的"大单品"，可以分3个步骤作为"大单品"营销模式的行动规划。

（1）围绕"大单品"建立系统规模产品线

产品系列化、产品标准化是产品线开发的核心，也是构建大单品营销模式的第一要义。

其实很多企业都已经意识到，想要最大限度地提高产品力，推行产品线开发是重要抓手。但即使意识到这个问题，也有不少企业在观望犹豫，行动力远远不足。

对于这一点，小米已经走到了时代的前端。小米第一期量产百万+高端智能手机的生产线已经投入使用，马上要开始第二期量产千万+的智能化生产线，而小米的产品线是围绕自己的大单品建立起来的，在小米全球化战略中，具有不可估量的重要意义。

想要围绕大单品建立规模化产品线，首先要聚焦销售规模大的主流市场，比照市场建立自己战略单品性价比优势，利用营销模式引爆并做大战略单品。与此同时，围绕大单品，领先一步延伸产品线，进一步做大产品线规模，才有望将大单品的势能转变成为品牌势能。

（2）进行"大单品"乘法营销

现在这个"人人都是媒介"的大环境下，爆品、大单品的火爆速度能有多快，营销裂变式营销就有多么野蛮生长。传统的营销手法无法适应当下的时代了，裂变营销凭着其"成本极低、效果极快、口碑极好"三大高能特点盘踞着营销市场。

对于一个企业或者品牌来说，无论是增加用户还是增加品牌粉丝，裂变营销都没有出现水土不服的状况，反而是越来越多的企业加入了裂变营销的阵营当中。

◀ 第五章 ▶
爆品的狂欢≠品牌的胜利

腾讯在营销上的方式就很巧妙，腾讯的出圈并不是全靠对工具应用的垄断，而是通过QQ、微信、手游等社交产品，先连通和绑定用户关系链，然后再去发现海量商业价值，通过"人传人"的增长方式，达到不用传统广告和营销模式去告知用户，用户就会忠心追随品牌信息流，保持忠诚与黏度的目的。

"大单品"乘法营销非常适宜中国特殊的市场环境，营销变量众多，因而，营销模式创新点也随之而来，很多时候在不动声色、不引起用户反感的前提下，就能将大单品营销出去。

（3）抢占领导品牌概念，进行潮流传播

有一些传统大单品模式，无法解决品牌价值观提升这一老生常谈的问题，比如说牛栏山二锅头，在白酒领域中，牛栏山一向被视作是低端酒，甚至很多人称他为"民酒"，这几乎已经固化成为品牌的刻板印象，牛栏山二锅头再往上或往高端酒发展受限，从而影响整个品牌的推进和发展速度。

从2017年至2019年牛栏山二锅头的业绩报告就能看出这一隐患，增收不增利，毛利率持续下滑，在2020年上半年，白酒业务的毛利率更进一步下滑到了38.89%。即使这样，牛栏山依旧固守在低端酒市场，没有任何向主流或领导市场靠近的迹象，这极有可能会让牛栏山二锅头显示出进一步的颓退势头，导致利润进一步下滑。

与牛栏山二锅头类似的是蜜雪冰城，蜜雪冰城也是以"低端"起家，主要做的是下沉市场，但蜜雪冰城却有自己的高端品牌"M+""极拉图"，并且极拉图发展神速，目前已经开放加盟。这波操作再辅以不久之前高达上亿传播量的蜜雪冰城主题曲，让蜜雪冰城在奶茶界的地位更加稳固。

无论如何，只有当大单品的消费成为一种潮流，大单品才有做大的可能，品牌才能有发展的空间。引爆消费潮流的主要方法，就是进行一定体量的大传播，迅速抢占领导品牌地位，然后再让爆品依附在品牌之上，这样才可能出现抱团火爆、持续火爆、连环火爆的局面。

总之，围绕大单品建立系统规模产品线，进行大单品乘法营销，抢占领导品牌概念，进行潮流传播，从一定程度上能够加大大单品的规模、加快大单品扩张速度，从而将爆品的生命延续到大单品甚至是品牌上来，使得企业焕发出无可比拟的超级能量。

CHAPTER 06
爆品思维

《 第 六 章 》

用"创思维"成就"爆款"

大国泱泱，爆品为王。

在这个变化迅猛的时代，比起以往任何一个时代都更容易出现爆品。

2014年，成立仅有4年的江小白，销售额就突破了1亿元，并在同年勇夺年度营销事件奖。

2015年，沃隆每日坚果应运而生，短短几年时间，沃隆的年销售额从1个亿到现在突破10个亿。

成立于2016年的元気森林，在短短4年内估值高达140亿。

2018年，网上发售的自嗨锅意外走红，3个季度销售额就已经破亿，成为自热火锅中的新势力代表。

2019年，三只松鼠以王者之姿成功登陆A股市场，总市值达到84.77亿元。

2020年双十一抢购中，完美日记及旗下新锐品牌小奥汀成交额双双破亿。

2021年农夫山泉半年报数据显示，农夫山泉上半年营收高达151.7亿元，同比增长31.4%；净利润高达40.13亿元，同比增长40.1%。营收和净利润实现双增长。

第六章
用"创思维"成就"爆款"

回顾这些品牌迅速崛起的历程，会发现他们在崛起之路上无一例外都出现了一个熟悉的身影——爆品。

江小白的表达瓶、沃隆的每日坚果、元气森林的气泡水、自嗨锅的自热小火锅、完美日记的小细跟、农夫山泉的东方树叶……

当这些爆品逐一进入人们视野，并逐渐演化成为人们的生活，人们发现爆品后面的品牌被弱化了，企业的力量被锐减了，只有爆品散发着迷人的活力和耀眼的光芒，于是人们不由得会发出"哇，爆品的时代已经来到了"的惊呼。

其实，在人们没有注意到的时候，爆品之间的战争就已经默默打响。

这是一场没有硝烟也没有枪声的战争，但却一夜之间能够改写很多企业、很多品牌的命运，有的品牌因此荣光万丈，有的品牌因此走向死亡。

而爆品之间的战争因为看不到、摸不着，给这场战争又增加了不少难度系数。许多人都在说爆品是产品和产品之间的厮杀，实际上，爆品战争是爆品思维之间的对决。

一个品牌的思维方式能不能适应市场和时代潮流，思维广度能不能覆盖爆品的传播和营销线，思维的深度能不能抵达爆品的实质内核，这些，都直接影响了爆品最终的结局。

因为思维与思维之间的不同和差异，所以才有了你方唱罢我登场的激烈内卷，也才有了一个个神话的崛起和一个个传奇的陨落。

如今，爆品创新之战的号角已经吹响，突破思维定式，转变思考方向，植入"创思维"成就爆款，已经成为当务之急。

下面是近几年来我国十大优秀的爆品案例,让我们一一回顾它们的高光爆品时刻。同时,借鉴为宜,学习为上,吸收经验为佳,目的是在爆品之路上打造出属于自己的高能爆品,获得品牌和企业的新生。

◀ 第六章 ▶
用"创思维"成就"爆款"

第一节　农夫山泉

> "农夫山泉有点甜。"
>
> "我们不生产水,我们只是大自然的搬运工。"

这两句朴实得不能再朴实的广告文案火了多久,农夫山泉就制霸饮用水市场多久。

很多人并不知道,农夫山泉的第一句广告语还曾经在1999年被《人民日报》等媒体选为最美广告语之一。

2021年8月25日,农夫山泉发布了2021半年报。数据显示,农夫山泉上半年营收高达151.7亿元,同比增长31.4%;净利润高达40.13亿元,同比增长40.1%。营收和净利润的双增长,让人看到了一个领跑饮用水市场超级巨头的巨大爆发力和潜力。

其实早在2012到2019年,农夫山泉就已经击败成名已久的娃哈哈、康师傅，稳稳地连续8年，保持了中国包装饮用水市场占有率第一。

而在互联网经济蓬勃发展的新时代，随着互联网的消费升级和经济水平的不断提高，消费领域不断变化，水饮赛道不断细分，元気森林等玩家的加入让整个行业越来越激烈化、多元化。

作为行业老玩家，农夫山泉却不遑多让，从诞生之初，依靠两大路线抢占水饮市场，将自己打造成为水饮市场的爆款。

第一条路线是开创新品类，"去纯净，主打天然"。

第二条路线是多行业切入，全面细分新品类。

先谈第一条路线。

农夫山泉在进入饮用水行业之前，市场上已经有以纯净水品类为发展重点的乐百氏、娃哈哈、怡宝等，以及以矿物质水品类为发展重点的康师傅。

无论农夫山泉是选择纯净水品类，还是选择矿物质水品类，都是"正面刚"，农夫山泉根本没有足够的把握做到和之前的老牌品类相媲美，至多是平分秋色。毕竟别人已经环游地球一圈，而你还没起飞，想要追平别人可谓是痴人说梦。

于是农夫山泉另辟蹊径，抓住了纯净水中没有与人类链接的微量元素这一软肋，找到了消费者的新需求——天然健康，举起反对纯净水的大旗，顺水推舟推出了新品类天然水。

天然水取自千岛湖70米以下的深层水，重点是内含数种微量元素，无污染，而且价格相对于纯净水来说并不高，在辅以"有点甜"的美好广告语，在理性比较和审美情趣的驱使下，很多消费者

第六章
用"创思维"成就"爆款"

对纯净水开始犹豫不决,然后把目光聚集在了农夫山泉"天然水"身上。

但这波营销和广告只是农夫山泉品类创新的第一步试水,在具体实践中,农夫山泉的脚步远远没有停留在此,而是进一步在认知上对新品类进行深入刻印设计和广泛的营销植入。

首先在包装上,早期的农夫山泉为了拉开和同行差异,使用了充满记忆点的运动瓶盖设计和红色色调瓶身。这使得农夫山泉在货架上的颜色很醒目,有别于怡宝的绿色色调、娃哈哈的粉色色调和康师傅的蓝色色调,消费者一眼望去首先会看到红色的农夫山泉,同时也会被它独特的、可伸缩的运动瓶盖吸引。

其实,农夫山泉并不是第一个推出运动瓶盖的品牌,上海饮料品牌"正广和"才是运动型瓶盖的首创发明者,但是农夫山泉将这种设计推广到了全国,并将它打造成自己的爆品记忆点。

另外,打造爆品的一大策略是和竞品出现差异化的对比效应,虽然伸缩瓶盖使用起来并不方便,成本还高于普通瓶盖,但会一下子让消费者把农夫山泉和其他品牌区分开来。

加之农夫山泉后期大力推出了4升桶装水规格和350毫升瓶装水规格,扩大了消费者的选择区间,能够同时满足消费者多样化的需求。

差异化与多样化结合,让农夫山泉一经问世,就迅速抢占了消费者的心智,在成为爆品的道路上越走越远。

特别值得一提的是,为了鲜明地打造自己"天然健康"的商业IP,农夫山泉曾经在2000年4月策划了一次著名的公关事件,那就是以"停产纯净水，倡导天然水"为主题的停产风波。类似的公关还有：美的品牌全面停产非变频空调，海尔品牌全面停产非自清洁空调。

　　停产对于大型企业来说看似损失惨重，实际会出现堪比宇宙爆炸一般的广告效应，不仅能够引起广泛的社会关注，还能体现出企业责任感和使命感，在当时营销方式不够多样的年代，堪比解锁流量和利润的黄金密码。

　　不管怎样，经过停产一战，农夫山泉"天然水"一举成名。

　　停产"营销"过后，农夫山泉又瞄准了学生人群，如火如荼地对消费人群进行重新划分并切入。

　　其实学生群体对于水饮行业来说，属于非主流消费群体，但农夫山泉抓住"生长期的学生身体里必不可少营养物质"这一卖点，在学校范围强势植入"饮用纯净水毁掉一代人"的公关话题，一时间纯净水失去了学生群体这一消费阵地，天然水的健康营养概念在学生中迅速蔓延，农夫山泉天然水也逐渐成为学生群体的首选。

　　不止学生，在目标群体的选择上，农夫山泉又找到了新目标：运动健儿。针对运动人群，提出了"营养物质容易流失，特别需要补充"的理念，自然而然植入了本品牌天然水，可以说，这种多方位组合的营销操作，农夫山泉是当时国内最为完整和先进的定位广告案例之一。

　　再来说第二条线。

　　农村山泉成功打造水饮爆品天然水以后，于2003年进军果汁行业，2011年，又把目光转向茶饮料行业。

第六章
用"创思维"成就"爆款"

在果汁行业,当时市场流行的是普遍为浓度10%左右的低浓度果汁饮料,农夫山泉创新推出浓度为30%左右的混喝果蔬汁"农夫果园"。

在茶饮料行业,当时流行的是加糖非天然的调制茶饮,农夫山泉反其道行之,推出的是用天然的茶叶浸出茶饮——东方树叶。这是农夫山泉在健康、无糖方向的尝试,萃取最新鲜茶叶,并采用无菌冷灌装工艺生产。

在东方树叶出现之前,茶饮市场从未有过天然浸泡茶的先例,中国消费者的口味已经习惯了含糖茶饮料,一时之间很难接受东方树叶,所以产品在2011年上市后,被消费者一致评选为"最难喝的五大饮料之一"。

但农夫山泉并没有放弃,甚至放出"总有一天你会爱上它"的话,等了近十年,终于等到无糖茶饮盛行,东方树叶凭借多年积累的市场知名度C位出道,在2019年,成为无糖茶品类市场占有率第一的爆款产品。

对于农夫山泉来说,切入不同的行业打造爆品只是前一个爆品的复制,后续要保持爆品强大鲜活的生命力才是重中之重。不过对于这个问题,农夫山泉自有对策,几乎在切入新行业的同一时期,它加快了对品类进行细分、细化的步伐。

比如,在东方树叶这一品类上,农夫山泉相继推出"青柑普洱"和"玄米茶"两款新口味。

在包装饮用水这一品类上,农夫山泉又细分推出"长白雪""武夷山泡茶水"等新品。

在2016年非浓缩还原果汁初露头角的时候，农夫山泉又率先开发并细分出了纯天然无防腐剂、不需要冷藏储存、口味更接近鲜榨果汁的NFC果汁品类。

再比如最近，农夫山泉又强势出品了高端玻璃瓶水、婴儿专用水和故宫合作的故宫瓶等。

……

对于将品类细分化、精致化，农夫山泉很有心得，毕竟对于任何品牌来说，产品即是媒介，无论品牌定位如何精准、理念如何先进，用户其实都是需要从一款产品上了解你。所以对品类进行最大程度的细化，能够大大延长爆品的生命力，更大程度地挽留老顾客、开发新顾客，而农夫山泉做到了。

随着各系列新品的推出，农夫山泉一方面更好地抢占水饮市场，另一方面持续打造新爆品，引爆新的增量市场。

当然，农夫山泉在打造爆品的过程中并不是一帆风顺的，曾经一段时间农夫山泉的品牌形象遭到对手恒大冰泉的攻击。恒大冰泉直戳要害，"不是所有的天然水都是好水"。

不过，农夫山泉没有坐等挨打，而是请来大牌导演，通过广告宣传自己的水源地和品牌形象，一方面赚足了大众的眼球，另一方面也提升了自己的品牌形象，回应了大众质疑，对恒大冰泉予以回击。

后来农夫山泉在纪录片强势出炉之后，还顺势推出了新的广告语：什么样的水源，孕育什么样的生命。

从"农夫山泉有点甜"到"什么样的水源，孕育什么样的生

第六章
用"创思维"成就"爆款"

命",回看农夫山泉爆品发展历程,会发现农夫山泉不仅会结合自己的优势提炼行业竞争点,而且能最大化地以"创思维"固化爆品的地位和品牌形象,源源不绝的增强自己的产品力和竞争力。

正如农夫山泉总经理周力所说,"我们希望,农夫山泉的产品是顶天立地的。"

第二节　江小白

> "我们拼尽全力,不是为了活成别人想要的模样"。
> "可以一无所有,但绝不能一无是处。"
> "用自己拼来的一个可能,回敬所有人说的不能。"

这个只有10岁的白酒品牌,称得上是写文案的段子手里最会做白酒的,也是白酒品牌里最会写文案的。

它,就是江小白。

很多人喝过江小白,却不知道这个名字的由来。百度百科中是这样解析"江小白"三个字的:因为主打"江边酿造的小曲白酒",故而得名江小白。

其实小白两个字,曾经是风靡一时的网络用语,意思是"新手""菜鸟"。

◂ 第六章 ▸
用"创思维"成就"爆款"

对比贵州茅台、五粮液、西凤酒、古井贡酒……这些具有历史厚重感和年代感的白酒名称,"江小白"这三个字放到白酒界,听起来确实略显草率了,就像是一个有些敷衍的网络昵称一样,但令所有人没想到的是,短短十年,江小白这位白酒小萌新、小老弟就让白酒老大哥和白酒祖师爷们感到了压力。

2013年,江小白年度销量超5000万,还上榜了2012年中国酒业风云榜年度新品。

2014年,成立仅有4年的江小白,销售额就突破了1亿元,并在同年勇夺年度营销事件奖。

2017年,江小白更是大爆发,销售额突破10亿元,并且还在"国际葡萄酒暨烈酒大赛(IWSC)"中,集团旗下的"金标""三五挚友""青春版500""表达瓶S100",分别荣获卓越金奖、卓越银奖。

紧接着,2018年,江小白的销售额突破20亿,2019年直逼30亿……

短短十年,江小白名利双收,江小白这个品牌在爆品界的成绩也堪称亮眼出彩。

和江小白曾一起爆火的品牌黄太吉没落了,西少爷没了动静,江小白却依然保持着迅猛向上的势头,能够以互联网"初代网红"的身份屹立不倒近十年。

江小白的持续成功并不是偶然,而是有一整套的爆品逻辑和思路的。

江小白一直说自己是情绪饮料,哪一类人才勇于宣泄释放情绪，不愿意压抑自己呢？当然是年轻人。

没错，江小白和自己的白酒老大哥们最具差异化的一点是：它是定位给年轻人的青春小酒，而非卖给中老年人的。

因为初始品牌定位不同，江小白站在了传统白酒的对立面。在江小白高歌猛进的那一年，全国谈得上有规模的白酒企业竟然多达1400家，中小型酒企上万家，平均到每一省都差不多有几百家酒企。

不仅如此，在那段时间，因为"限制三公消费"等政策推行，白酒行业陷入了前所未有的低谷，可以说，江小白面对的是一个异常凶险的市场，更何况，它还走了一条白酒品牌从未走过的路：让年轻人爱上喝白酒。

而在这之前，中国白酒行业素以"厚重历史、文化传承"作为自己的营销卖点，而白酒的消费者在这种传统氛围浓厚的营销下，逐渐变得老龄化，买白酒喝白酒的大多是那些上了岁数的人，年轻人也会买，但都是在年节或是亲属生日聚会时，买来送给长辈。

但江小白的横空出世扭转了这个局面，"80后""90后"这个年龄段消费人群光速增长，喝白酒的年轻人多了，而以"老"自居的白酒文化也出现了新的行业跃动点，这归功于一个人的敏锐眼光，他就是江小白之父陶石泉。

陶石泉以在白酒行业浸润多年的敏锐眼光，发现了一个惊人的事实："并不是年轻人排斥喝白酒，而是传统白酒抛弃了年轻人。"

所以，陶石泉采用了当时并不常见的"对立定位"战略，围绕"年轻人的白酒"这个主题，将自己的产品以创新黑马之姿推到了人们的面前。

第六章
用"创思维"成就"爆款"

江小白注重打造的焦点"年轻人的白酒",实际上就是将"白酒年轻化"。在中国人对白酒固有思维和强大的习惯消费模式面前,这其实是一个巨大的推广工程。

所以,江小白想要依靠"白酒年轻化"这个命题打造爆品,并没有单单依靠单线策略,而是分别在产品设计、价格、渠道、传播等多线策略上做文章,对产品的各个方面进行了大刀阔斧的创新,可是说做出了一系列和以前白酒生产营销模式完全不同的爆品大动作。

1. 产品设计:围绕年轻人的关键需求与饮酒偏好定制

既然是做给"年轻人"喝的酒,在外包装上,江小白完全抛弃了传统的酒类产品风格,采用美观精致的磨砂瓶身,主打蓝与白色相间的色调,和传统酒水的外包装区别很大,能在货架上一眼看到它。酒瓶瓶体上印满的江小白扎心文案,戳中年轻人追求文艺、小清新的审美口味。

在酒瓶容量上,江小白主销的白酒品类容量通常设计在100ml、125ml、300ml这3种规格。

这样设计的好处是,年轻人通常是将啤酒、红酒作为饮酒首选,对白酒的接纳度停留在初次尝试上面,再加上年轻人酒量浅,喝不了多少,买大容量白酒其实也是一种浪费,而如果买一小瓶的话,就会觉得比较轻松,饮用起来也没有负担,对产品的接纳度自然提高。

在白酒口味上面,江小白的口味偏"甜、绵、甘、爽、净",更接近年轻人的口味,入口不涩不冲不辣,整体清淡许多,年轻人能够驾驭和接受。与传统白酒"入口绵甜、醇厚丰满""重口味"有很大区别。

国内白酒泰斗梁邦昌尝过江小白之后，对江小白的味道作出如下形容："清雅芬芳，醇绵甘润，粮香中带着花果香，诸味纷呈又有撩拨人的气息。"

在度数上，传统白酒常见的是中度酒，即39～48度酒，还有高度酒，即50度以上的酒，中高度酒一般适合成熟酒民，对于年轻人来说，一想起中高度传统酒，就和"一杯倒"三个字挂钩，从而出现对白酒排斥的情绪。而江小白主打品种淡饮白酒大多在25度左右，度数低，既满足了喝酒的需要，又不至于一杯倒，受年轻消费者欢迎。

以上对产品的设计都是小创新或者说细节创新，下面在场景上的创新——混饮喝法，却是让人拍案叫绝。

其实在江小白之前，混饮在国内并不常见，在国外却比较流行，一般在酒吧夜场聚集的场合搭配的都是洋酒，很少出现中国白酒的身影。混饮系列一经推出之后，江小白搭配红茶、江小白搭配脉动、江小白搭配橙汁、江小白搭配雪碧、江小白搭配啤酒等一系列新喝法被解锁，网友脑洞大开，各显神通，因为混饮玩法的推出，让江小白一次次冲向微博的热门话题。

对于追求新颖好玩，接受度高，想法天马行空的年轻人来说，江小白从产品设计上就完全迎合了年轻消费者的胃口，将传统白酒从没有考虑过的、年轻人的需求空白填补上了，为产品迅速进入年轻人的视野、受到年轻消费者追捧成为爆品，提供了良好的基础。

◂ 第六章 ▸
用"创思维"成就"爆款"

2. 价格：单价低，年轻人容易接受

年轻人刚踏入社会，生活压力大，收入普遍不高，消费能力有，但又不愿意将就，用一些上不了台面的产品。

江小白主销纯饮表达瓶，100ml，终端零售价20元左右，对于年轻人来说是一杯奶茶或者一包烟钱的价格，购买起来没有什么经济压力。

实际上，100ml的小瓶装零售价20元，相当于500ml大瓶装的100多元。如果换算下来，100多块钱这个价格并不算便宜，喝得起这个价位的人通常收入是中高水平，所以年轻人的面子有了。

但因为是100毫升的小瓶装，对于年轻的消费者来说，降低了消费的价格门槛，给人的感觉是价格并不高，年轻人容易接受，这给江小白提供了广泛的消费基础。

3. 营销和传播：受众定位年轻人，抢占年轻人的兴盛活动圈

传统酒企的营销手段一般以打广告为主，广告费用占营销费用大概20%～30%左右。对于广告开销来讲，这是很高的一个数字，但取得的效果却很一般，往往是企业钱花出去了，品牌或者产品的知名度还是没打开，投出去的钱白花了。

江小白反其道而行之，将广告费用压缩在10%以下，每一分每一块都用在刀刃上。与传统酒业投放实体广告不同，江小白将眼光瞄准在自媒体，尤其是在微博上面进行线上营销。依靠新媒体力量，走小投入、大回报、年轻化的营销路线。

比如江小白在与微博合作的初期，经常会做一个活动就是#遇见江小白#，这个活动用一句话来讲就是，网友在任何地方看到江小白

的产品，用手机拍下来，然后@我是江小白的微博，就有极大的可能成为江小白的中奖用户。

从创始之初，江小白常做类似的微博活动，因为它既简单，又给品牌提供了新媒体快速传播的热点，甚至趋近于爆品的传播价值。

另外，为与微博上开展的活动遥相呼应，江小白又开展了许多迎合年轻消费者心理的线下活动，其中最具代表性的两个活动就是："我们约酒吧"和"嘻哈巡演"。

无论是线上的营销推广还是线下的活动，江小白营销的核心就是"年轻人喜欢的，才是好营销，好活动"。

江小白也没有放过在广告植入这一方面的阵地投入，但选择的电视剧或电影风格特点鲜明，就是以青春剧、都市剧、精英剧为主，比如在2014、2015年，在《匆匆那年》《同桌的你》上映前，江小白提前20多天帮电影做海报，并在几十万家线下终端店，运用各种媒介手段做活动推广。

2016年，随着《火锅英雄》《好先生》《小别离》《从你的全世界路过》《北上广依然相信爱情》等剧热播，江小白的广告植入无处不在，当年的都市奋斗、青春爱情影视剧几乎被江小白承包了。

至此，随着先前产品设计、价格营销、销售渠道等方面的全方位铺设，可以清晰看出"文案和新媒体营销"只是江小白取得营销胜利的表面，而以"创思维"打造爆款，以"打动年轻人"的设计加工营销模式，才是江小白"爆了又爆"的产品内核。

第六章
用"创思维"成就"爆款"

第三节 三只松鼠

如果提起"国民零食"这四个字,很多人会第一个想到三只松鼠。

在这个瞬息万变的网络时代,你方唱罢我登场,很多品牌和产品都是火一火就迅速销声匿迹,能够和"国民"两个字联系起来的屈指可数。依稀记得上一个"国民零食"还是卫龙,而如今,已经是三只松鼠的天下与江湖。

先看看三只松鼠近3年的抢眼成绩:

2019年,三只松鼠以王者之姿成功登陆A股市场,总市值达到84.77亿元

2020年4月,三只松鼠发布的2019年度财报显示,全年营收创101.73亿元,继续领跑国内休闲零食赛道

2021年3月7日,三只松鼠发布的2020年年度报告显示,全年

营业收入97.94亿元。

不仅是最近3年，其实三只松鼠在创始之初的2012年，就展现出了惊人的爆款潜力。同年"双十一"期间，销量就突破了800万，隔年月销售业绩突破2000万，仅短短一年时间，跃居互联网坚果行业销售第一。

事实上，比起2003年成立的百草味、2006年成立的良品铺子，成立于2012年的三只松鼠并不是第一个进入大众视野的零食坚果品牌，但却后来者居上，不到十年，就成为名利双收的业内大咖，拥有同行无可匹敌、无法超越的爆品高度和知名度。

这到底是因为什么？

如果简单概括一下，就是三只松鼠抓住了坚果行业的发展机遇，依托互联网营销新模式触点品牌IP，与用户进行深度对话，以打造高质量供应链、高品质创新的硬核实力横扫市场，将坚果市场红海变成一片蓝海。

1. 依托高质量供应链，持续打造高品质创新硬核新实力

在三只松鼠开始做坚果之前，坚果的工业化程度很低，行业集中度也很低。

虽然坚果炒货富含丰富的营养，比如脂肪、蛋白质、多种维生素和矿物质等，在休闲零食当中属于健康类，但相较于其他高速发展行业，大部分企业的模式是随便找一家代工厂，缺乏专有的成熟生产技术、高品质保证的供应链，属于一个等待被深入挖掘的"小、散、乱"的行业。

在没有市场技术参照的前提下，三只松鼠把着眼点放在打造高

◀ 第六章 ▶
用"创思维"成就"爆款"

质量的供应链上,一方面需要依靠产品创新开掘坚果市场的巨大潜能,另一方面又需要用新技术、新设备、新手段提升产品的品质。于是在生产伊始,三只松鼠就和小伙伴一起,下大力气提升供应链的产品品质,并对覆盖供应链大大小小的设备、技术进行了全面升级。

在设备升级方面,就拿三只松鼠自主研发的X光机、多光谱开口检测机为例,这两项设备的应用,不需要人工,就可以实现自动化坚果筛选,有效筛除杂质、异物,不仅如此,还能透过坚硬的果壳,准确选出发霉的坚果并剔除。这两款设备升级,不仅大大提升供应链产品的生产效率,而且让三只松鼠率先在全行业范围内实现了产品质量的飞速提升。

在质量管理方面,三只松鼠打造了一套适应于供应链的严格质量管理体系,上设"中央品控云"系统,依托人工智能和物联网新技术形成了完整的"大数据溯源系统"。下设供应商质量管理、自有工厂质量控制、质量标准及数字化管理等职能板块,确保产品质量的底线。

另外,想要打造高品质创新硬核实力,不仅需要对生产、设备、质量进行严格把控,倒逼供应链的高质量发展,还需要对产品进行有效率的创新和颠覆。

对于产品创新,"松鼠老爹"章燎原有一套自己的打法,他曾这样定位产品创新:"很多人把创新等同于'从无到有',其实商业世界绝大多数的创新,都是对现有产品进行迭代优化。"

"迭代优化"这四个字有点类似于苹果创始人乔布斯的产品创

新思路，而在三只松鼠的产品创新之路上，随时可见这四个字的影子。

自三只松鼠创立的那天起，先后"迭代优化"出几百款爆款产品，包括中华美食系列、国民好面包、蜀香牛肉、27天新零食、每日坚果、鱿鱼仔等，而气泡坚果、益生菌坚果这两项产品，是三只松鼠在产品创新思路的超灵感之作。

虽然三只松鼠在产品上的创新不是"无中生有"，但新品所到之处，不仅获得了市场认可，销量也颇为可观，很多产品都做成了"微创新"的天花板。

依托高质量供应链，持续打造高品质创新硬核新实力，让三只松鼠在坚果行业一直保持着"人无我有、人有我优、人优我特"的核心竞争力，这也是三只松鼠爆款产品源源不断，持续引领行业风向的超级秘密。

2. 打造品牌大IP

"很多人关注线上和线下的销售结构情况，但我们更关注的是角色定位。"

这句话依然出自章燎原之口，在他看来，三只松鼠在线上和线下的销售不仅仅是一个销售渠道，而是建立起品牌和产品认知度的一个绝佳途径。

没错，正如章燎原所说，三只松鼠从建立之初就着眼建立自己的"角色定位"，并将此作为横向发展的卖点，直至成为品牌大IP。

在打造品牌IP的过程中，三只松鼠通过具有生命力的IP运作，赋予了品牌以人格化，不仅在线上先创性地创造了鼠小贱、鼠小

◀ 第六章 ▶
用"创思维"成就"爆款"

酷、鼠小美三个活泼松鼠形象，还持续打造超级IP动画片《三只松鼠》。在线下，三只松鼠不断开设新门店，并建设三只松鼠小镇，不断强化品牌IP的强大生命力，使其成为活招牌。

另外，三只松鼠还通过多渠道进行IP营销，通过淘宝平台不断投放的广告和热门电视剧的广告植入，不断地将品牌"去坚果化"，依靠营销IP的话题性和传播性，建立了庞大的粉丝基础和市场，从一部分人知道的坚果零食，变成了人人都知道的角色零食爆款。

3. 与用户的对话营销

"欢迎主人光临坚果和零食的王国，偶是吃货松鼠，快和我一起尝遍美食吧！"

这是三只松鼠的早期线上销售话术，从字里行间来看，用户从未感觉到冷冰冰的态度，每一次与三只松鼠的客服咨询，都是"主人与松鼠亲切友好的沟通"。

这种充满温情关爱的对话营销模式，在当初互联网卖家人设不还丰满的背景下，能够给人亲切的感觉，给人留下深刻的记忆点。

这种对话式的营销成功吗？当然成功，据说当时线上客服中，很多人都收到"主人"的礼物。芜湖本地人送来了棒冰、盒饭，外地人则是寄来香肠和螺蛳粉。原因是"主人"认为"这是自己的小松鼠，当然要负责喂饱了。"

可见对话营销带来了可观的"粉丝经济"，这种模式在早期是以客服话术的方式呈现在用户面前的，增强和用户互动，给用户留下深刻印象和好感，中后期则是以广告语、营销文案等方式打动用户。

比如三只松鼠有一款早餐拍档产品，广告语并不是夸赞宣传产品的质量、口味、价格等，而是满满的对话感："领取今日份的元气"，"为明天拼尽全力"。

这波对话营销戳中了年轻人"轻便生活""养生朋克"的刚需，并且凝聚在了"早餐拍档"这个场景里，以对话营销的模式打动目标客户，使之在众多产品中脱颖而出，成为爆款。

总之，三只松鼠依托自身与众不同的爆品思路，作为一个现象级坚果品牌引爆了线上零食这一赛道，利用了互联网红利，实现了超级强悍的弯道超车，从一个接一个爆品的到来中迎来了属于三只松鼠的时代。

◀ 第六章 ▶
用"创思维"成就"爆款"

第四节　元気森林

短短5年时间,面对强者如林的饮品市场,对于一个刚成立不久的饮料品牌来说,究竟能在爆品之路上走多远?

成立于2016年的元気森林,给出了一个堪称完美的答案。

2019年的"天猫·618",成立只有3年的元気森林,共计售出226万瓶饮品,拿下了水饮品类的TOP1。

2019年的"双十一",元気森林在全网饮料销量中排名第二,并且打败了可口可乐、百事可乐,创造了一个小品牌的逆袭神话。

2020年5月,创立仅4年的元気森林销售业绩已经超过2018年全年业绩总额,总估值高达140亿元。

2021年,随着元気森林跨入第5年,它在"无糖饮料"这条格外拥挤的赛道上,已经超前领先其他品牌,同行也好,对手也罢,都被它狠狠甩在身后。

这条赛道上,有的品牌被挤出,有的品牌被淘汰,就连可口可乐这种超级巨头,面对"无糖"两个字也是束手无策,被消费者吐槽难喝、口感不好。

没错,无糖饮料难做是饮料行业所有品牌达成的共识,这曾经就像是一个无人可以跨越的怪圈。零度、健怡等0糖0脂饮料反响平平,甚至一度遭受冷遇,但元気森林的出现不仅打破了无糖饮料难喝的魔咒,还成为备受年轻一代消费者推崇的神仙网红品牌。

那么,元気森林为什么能在5年的时间里,从一个名不见经传的小品牌,逆袭爆火,发展成如今这样的规模呢?

1. 瞄准年轻群体,时尚潮流化的产品呈现

有一项调查表明,元気森林第一轮消费者,都是从看到它的第一眼起,就被它独特的"和风"外包装打动,不由自主地把它从货架上挑出来。这便是元気森林准确的市场定位所带来的杀伤力,它精准地瞄准了一个消费群体——年轻人,也可以称他们为Z世代。

Z世代特指的是在1995~2009年出生的一代,这一代足有2.6亿人之多,他们继"80后"之后正逐渐成为消费市场的主体,至2020年,这些人大概占据整体消费力的40%左右,是一群拥有不俗消费能力、强势崛起、却还没被完全挖掘的一群消费者。

与之前的消费主体有所不同,Z世代的口味充满了个性化,他们对新事物的接受程度特别高,追求网红、二次元、娱乐精神和感官上的刺激。他们中间有一半以上的人持有"我喜欢,我花钱"的消费观念,在这一群人中,女性消费者又占了大多数,她们普遍喜欢偏和风的包装设计以及简约的小清新风格。

◀ 第六章 ▶
用"创思维"成就"爆款"

元気森林产品包装上极具记忆点的"気"标识,特意抛弃了简体字,而采用繁体字,是当下流行的二次元文化和和风风格的一个视觉延伸,很对年轻人、尤其是年轻女性的胃口。

其实很多人并不知道,在产品设计初期,元気森林尝试过多种设计风格,北欧风、美式风、和风等,最后基于对市场消费群体的调研,最终定下了和风设计风格。

可以说,无论是产品名字、包装设计还是传达出的和风感觉,元気森林走的是前人很少走的"日系"路线。这让元気森林脱颖而出,不管是在线下货架还是线上页面,都能在第一时间抓住目标消费者眼球,为爆火蓄势。

对于任何在打造爆品领域充满野心的品牌来说,想要击败竞品和爆火出圈的最佳路径,就是创造出一个全新的产品品类,抢占消费者心智和认知的先机。

元気森林也不例外,目前在售的6个品类饮料中,最受欢迎的产品就是主打0糖、0卡、0脂的元气水。这是Z世代年轻人最喜欢的饮料品种。

因为他们大部分人都是"养生朋克",用潮流的话来讲,这就是"一边暴饮暴食,一边吃着健胃消食片""一边熬夜作死,一边又积极养生"的一群人。他们急需一款能够让他们没有心理负担一饮而下的"肥宅快乐水",而元気森林主打的健康、口味佳,能够同时满足他们的一切要求。可见元気森林对自己目标消费人群的心理拿捏得死死的,同时也正是因为这种精准定位,助推元気森林一进入市场就火出天际。

2. 差异化产品定位，主打健康卖点

曾经有一份消费者报告显示，消费者在看包装时，会特别关注包装上与营养健康相关的信息，大概有89%左右的人会关注生产日期、保质期；大概有76%左右的人关注相关宣称营销健康的信息，比如无糖、无添加等；大概有73%的消费者关注营养配料成分表。

而仔细看元気森林气泡水外包装，不仅"0糖0脂"被着重放大标识出来，而且它的营养配料表也没有人工糖精和脂肪成分，清爽得如同它的名字一样。

如果按照以上给出的选择百分比来换算下，那么将近百分之八十的消费者会被元気森林的"健康、营养"打动。而这，也正是元気森林爆品思路的一个重要切入点。

元気森林一直宣传在品牌旗下的苏打气泡水中添加了代糖产品——赤藓糖醇，这是一种天然植物代糖，不仅热量低，而且十分健康，适宜糖尿病人和肥胖人群饮用。

这样的宣传会让消费者脑海中立马浮现"怎么喝都不会胖""好喝又不影响健康"这两个概念。这种和市面上"高糖、高添加剂、低口感"的饮料存在明显的差异。消费者喝了那些饮料之后往往有明显的负罪感和对健康的担忧，但喝了元気森林就不会有。

另外，因为产品的名称，还会和"补充元気、有助健康"联系起来，从而增加对产品的接受度和好感度，转而投射在元気森林这个品牌上，品牌受欢迎，新老产品也跟着火爆，爆品会源源不断地被口口相传，从而火上加火，大大拉开和其他的品牌的距离。

第六章
用"创思维"成就"爆款"

3. 线上线下强强联合，打造顶流爆品

与老江湖农夫山泉铺天盖地的广告营销不同，元気森林最先选择的推广渠道是各种便利店。

一来是为了节省推广成本，二来因为便利店门店数量众多，街头巷尾到处都是，人们购买饮料的第一选择往往也是便利店，对于饮料来说，便利店拥有较好的客流量，是最佳的获客渠道。

根据中国连锁经营协会发布的 2019 百强名单显示，便利店销售增幅明显，在2019 年增幅高达16.5%；所以说，元気森林在爆品渠道上，押对了宝，选对了庙。

当然，除了线下渠道外，元気森林在线上渠道推广方面也加快了动作，元気森林天猫旗舰店、元気森林京东旗舰店、元気森林小红书官方店铺等，仿佛一夜之间，点开任何线上电商平台都能够购买元気森林，这不仅丰富了消费者的购买方式，也弥补了线下门店的天生弱势。单拿京东一个旗舰店来说，元気森林白桃味气泡水，一箱的规格，累计有78.9万人购买过，评价高达50万条以上。

与线上网店同步营销，元気森林在微博、小红书、抖音等平台进行精准的线上宣传和曝光，以微博为例，如果去搜索无糖饮料关键词，基本都会出现元気森林的产品，最巅峰的时候，无糖饮料话题突破 500 万+的阅读量，元気森林话题阅读量则突破 900 万+。

另外，元気森林还与 B 站网剧合作，在两档下饭神剧《认识一串》《生活如沸》中植入广告，还独家冠名了综艺节目《元气满满的哥哥》。

除了在"天上"进行网络宣传外，同时在"地上"也布局了大众媒体宣传。一二三线城市中，地铁广告屏及电梯广告屏霸屏播放元気森林产品广告，0糖、0卡、0脂的广告语响彻在上班族的脑海中。

粉丝经济下，元気森林又瞄准了流量明星，先后选择了魏大勋代言燃茶，张雨绮代言苏打气泡水，品牌大使的设立增加了品牌自身影响力，大大利用了粉丝效应吸引粉丝进行产品购买。

一款爆款产品的出现绝不是运气使然，从元気森林的爆品思维中不难发现，它所有的爆品动作是基于一定的市场分析、消费者洞察分析、产品品类选择、产品打磨为前提的。没错，元気森林的成功不是偶然，准确地说，是一次"蓄谋已久"的爆品营销，它唯一和同行的不同之处，是找到了前人从未到过的地方……

◀ 第六章 ▶
用"创思维"成就"爆款"

第五节　完美日记

2021年4月14日，天猫金妆奖正式揭晓。金妆奖被称为"美妆界奥斯卡"，一度是美妆界的风向标。在金妆奖颁奖典礼上，有一个品牌受尽瞩目，风头无两，它就是完美日记。

"2021年超级热搜奖""2021年度TOP单品""2021年度唇妆奖""2021年度00后喜爱单品奖""2021年度眼影奖"。

完美日记不仅在颁奖典礼上喜提多项大奖，其母公司逸仙电商也荣获了"2021年度最具成长性美妆集团"大奖。

诸多桂冠和荣誉加身，完美日记从无名之辈到国货之光，仅仅用了4年的时间。旗下的"小黑钻口红""小细跟""动物眼影盘""天鹅绒唇釉"等多个网红爆品，掀起了一股又一股的国货美妆热潮。

据逸仙电商联合创始人陈宇文介绍，目前完美日记全网粉丝总量已超2500万，月曝光量已经超过10亿。

完美日记，已然成为国货新势力美妆品牌第一梯队的领头羊。

可以说，完美日记在爆品之路上的成长速度，已经达到了让业内同仁叹为观止的地步。

这里不得不提完美日记的4大核心策略：

1．大牌同厂，国货当自强

在完美日记崛起以前，国货彩妆可以说籍籍无名。

欧莱雅、美宝莲、迪奥……彩妆这条赛道上几乎已经是外国品牌的天下，当时代购行业兴盛，能够和外国大牌抗衡的国货品牌几乎为零。即使是相宜本草、百雀羚、火烈鸟等国货品牌，在彩妆方面的发展也并不出彩，只是停留在中低端产品线上。国货美妆在高端产品上的整体口碑，根本没有和外国大牌相抗衡的实力。而完美日记，在此时应运而生。

完美日记显然看到了国货彩妆在高端路线上的力不从心，于是刚一切入市场，就以"让95后年轻女性，买到国际大牌的平替"为品牌思路，力求最大程度还原大牌品质，然后再以比国际大牌低得多的价格卖给消费者，这是完美日记切入市场打造产品力的思路，也是第一步爆品策略。

不得不说，完美日记的眼光精准超前。纵观整个彩妆品牌市场的目标消费者，已经更迭成为"95后"年轻女性，她们对彩妆的需求比起以前大大增加，在彩妆品牌的追求上，由之前的"用大牌"渐渐转变为"高性价比"，同时，她们也察觉出欧美大牌彩妆并不适合亚洲人肤色和面部特点，急需一款了解自己又能和大牌相媲美

第六章
用"创思维"成就"爆款"

的彩妆。

针对目标消费群体的需求,完美日记致力于探索并嫁接欧美时尚趋势,同时结合亚洲女性面部和肌肤特点设计产品。所以在产品生产之初,完美日记就站到了欧美大牌的竞争面,并以优于欧美大牌的姿态,逐渐取代它们,成为更适合亚洲女性的美妆品牌。

实际上,在"更适宜亚洲人、中国人"这个方向,国企的竞争力是远高于欧美品牌的。即使欧美品牌在事实上能做到,用户也不认为它们能做到。就像很少人会相信雅培和爱他美能制造出更适合中国宝宝体质的奶粉一样。所以,完美日记的第一步就走对了,而且整体布局相当完美。

既然完美日记是主打解锁欧美潮流趋势,主攻欧美大牌的,那在供应链和代工厂方面,完美日记干脆舍弃了其他代工厂,重点和科丝美诗、莹特丽和上海臻臣这3家合作。因为这3家代工厂同时服务于雅诗兰黛、宝洁等国际大牌,大牌同厂,更具有产品品质说服力。

而在同类产品的售价方面,完美日记只有国际大牌的一半左右,可谓是一边做爆品,一边把国际大牌拉起来吊打,最终在第一赛道将大牌们远远甩在身后。

2. 出色品项创新,领跑彩妆新品类

"每一步,都出色。"

这是完美日记"小细跟"口红的广告词。

除了"小细跟"之外,完美日记还有很多外观设计独特,并且命名独特的单品,比如小细跟、小金钻、小黑钻、小酒管等。这种命名方式创新出一个彩妆的细分新品类，能够降低潜在用户的认知成本，与小棕瓶、小黑瓶有异曲同工之妙，差异化命名战术，打通了消费者的间接购买欲。

当然，完美日记的创新不仅体现在新品命名方面，它更具创意的玩法，则是让消费者成为设计师。

在日常的生产营销中，完美日记会通过数据进行产品口碑和粉丝偏好的分析，逐步掌握消费者的口味，解构消费者的偏好，并依照偏好为标准打造和完善产品。另外，还会将产品方案和消费者直接沟通，让消费者深度参与产品以及设计各环节。

创始人陈宇文曾表示，完美日记非常注重原创，当完美日记在视觉风格、产品创意上做得超前，甚至比很多国际大牌都领先时，消费者自然会选择完美日记。

正是因为这种在品项和产品创新中的不断推陈出新，完美日记的品牌知名度及美誉度正不断提升。根据"用户说"发布的"最受用户偏爱国妆品牌"排行榜中，在2020年的4～6月，完美日记连续位居国货爆品榜首。

3. 新渠道场景不断开发，个性化推广策略

完美日记相比国产品牌，在新渠道场景的开发上面有更多的投入。而相比国际大牌，又对新兴电商渠道有着更敏感的反应和更快速的执行能力。

所谓新渠道开发，就是不同于传统美妆公司惯用的分销代理模式，完美日记的母公司逸仙电商采用的是品牌直销模式，比如，建立涵盖天猫、京东、淘宝等第三方电商平台的直营店，以及在微

第六章
用"创思维"成就"爆款"

信、小红书、抖音等社交和内容平台上的在线销售渠道。这一直销方式的好处是没有中间渠道赚差价，而传统渠道模式不可能抛弃中间商建立线上渠道，从而为完美日记多渠道、自主营销发展奠定了基础。

在产品、渠道双势助力之下，截至2020年9月30日，"完美日记"官方账号有约200万粉丝，微信平台所有官方渠道在内，总计高达1500万粉丝。

另外，不仅在主要渠道以线上作为重点，完美日记渠道侧翼，依旧把社交媒体当作战略重心，并在小红书、抖音、快手、B站上投入了大量费用用于打通侧翼渠道。

4. 各个圈层全面营销，获取爆品高声量

圈层营销已经成为中小企业爆品营销的新路径，毕竟新品牌规模小且受众范围小，全网声量低，想要打通爆品流量，就需要在各个圈层进行全面营销。

比如在品牌创立初期常用的手段是：在直属圈层进行跨界联名、明星代言、KOL（意见领袖）种草等。在品牌爆发期常用的手段是KOL持续种草触达受众。在品牌成熟期，则通过品牌升级与破圈营销，涉足国风、二次元、萌宠、美食圈层等。

完美日记根据圈层营销战略，先是在各个圈层进行达人种草精耕细作，大概有15 000名遍布小红书、抖音、B站的KOL成为完美日记营销入口。可以说，各个圈层的KOL构成了完美日记2017年创立以来的"流量源头"和"光圈带货头部"。

然后，完美日记通过这些KOL的内容营销获取大量的新用户，再将他们引入品牌私域，最后通过高频次的社群维护，提高老客户复购率，并延长爆品的生命周期。

最后，通过完美日记的爆品思路不难看出，成功做一个爆品的关键，需要先在不同的点上进行细致打磨，拉动面的提升，从而实现全面产品线的增长，这是塑造一个爆发赛道的有力手段。打爆一个面，就会直接打动点线面体，从而实现爆品大卖。

第六章
用"创思维"成就"爆款"

第六节 王饱饱

2018年8月，王饱饱正式入驻天猫。

一年后，也就是2019年的"双十一"，王饱饱1小时的销售额就迅速突破1000万元，成为品类销量TOP1。

王饱饱，这个曾经的麦片行业的"门外汉"，一出场就与卡乐比、桂格等国际大牌同场竞技，可谓来势汹汹。不仅如此，它还以夺人眼球的成绩，击败对手，在爆品之路上一夜爆红，势头强劲。

王饱饱绝非一刹那的流星，耀眼之后就陨落，此后王饱饱的表现也着实不俗，成为麦片市场持久耀眼的明星。

2020年，王饱饱完成了由黑蚁资本领投的近亿元的B轮融资、与经纬中国独家领投的数亿元C轮融资。

在同年38女王节、618购物节以及"双十一"狂欢节等各电商节点中，多次成功卫冕线上麦片第1品牌，年度平均增长超300%。

2020年年底，王饱饱年营收超过8亿。

要知道，随着国人对营养和早餐的日渐关注，麦片行业的竞争由来已久，西麦、桂格、雀巢等老牌大牌成名早，霸占市场份额已久，为何王饱饱能在短短1年的时间里，就破圈固有大品牌竞争格局，一跃成为网红爆款呢？

实际上，王饱饱在以下3点持续发力，是它得以撕开市场裂口、引领爆品流量财富的绝对秘诀。

1. 切中创新关键点，将用户痛点变成业绩增长点

一方面，在点外卖、夜市经济、网红探店等新的饮食场景流行之下，当代部分年轻人已经很少在家做饭了，加上现在年轻人抗拒谈恋爱结婚，一个人吃饭的场景逐渐增多，方便、速食、零食化的饮食产品大行其道，尤其是代餐食品，产品销售额近年来连创新高。

根据相关数据显示，中国主食消费占比连年下降，2006年为84.3%，到了2016年降至81.9%。而与主食消费下降相反，代主食和零食占比由十年前8.7%和7.0%分别上升至9.2%和8.9%。

另一方面，当代人对外形、颜值的要求增加，对身材管理的需求增强，"爱吃美食又怕做饭麻烦，还怕变胖"，成为当代年轻人的普遍痛点。

王饱饱正是洞悉了代餐市场的强大潜力，再根据市场调查，挖掘出了年轻群体的痛点，将自己的产品打造成为"好吃、潮流、毫无负罪感"的新型麦片。这依赖于王饱饱一直坚持的低温烘焙"非膨化"工艺麦片，区别于以桂格、雀巢为代表的西式冲泡型麦片，也区别于用膨化剂和添加剂增加口感的卡乐比膨化麦片，不仅口感

第六章
用"创思维"成就"爆款"

好,而且相对于以前的麦片颜值也高,配料更为丰富健康。

另外,麦片配料表中将蔗糖换下,换成更符合现代人健康诉求的甜菊糖苷和低聚果糖,再加上果干、酸奶干等丰富配料。如此一来,在整体口味上,增加了麦片的口感;在视觉上,又增加了丰富的层次色调观感。

正如王饱饱麦片营销文案中所说的,"麦片中的时髦精""果干多到爆炸""麦片颜王",从一个侧面反映出王饱饱针对目标用户的所想所需,提炼出了精准新潮的产品定位。

当然光有定位还是不够的,还要在产品品类上进行细分创新,才能吸引住更多用户的目光,截取用户喜新厌旧的内在痛点,并转变成为自己业绩增长点。

在产品细分创新方面,王饱饱保持每3个月推出一个新品的效率,推出了一系列新产品和新口味,例如贝贝南瓜冲泡麦片、红茶拿铁冲泡麦片等热冲麦片,这是对传统冲泡麦片的细分品类创新。而另一波创新:蜜桃乌龙、咖啡等口味麦片,市场反响良好。

2. 线上线下双渠道布局,形成强大的品牌势能

在爆品市场有一条规律:随着消费者对一个品牌或者产品的关注与日俱增,消费者会在响应速度、个性化需求、消费体验等方面提出更高的要求。

一项数据显示,大约有81%左右的消费者要求品牌加快业务响应速度,大约有76%左右的消费者希望品牌能够满足自己的个性化需求。另外,大约还有68%的消费者期待品牌能提供始终如一的消费体验。

所以在打在爆品的路上，实现品牌和消费者良性互动关系需要一个长期渐进的过程，不仅如此，还需要品牌进行多渠道铺设和触及，而王饱饱叶通过线下渠道拓展、线上渠道铺设两方面，联通了和消费者的链接。

比如在线下，王饱饱目前已覆盖线下终端超10 000个，在KA卖场，如盒马、大润发、永辉等都有自己的线下终端，展现了强势的线下拓展能力。

3. 传播覆盖多个平台，加快品牌建设

进入2020年，王饱饱将目光转移到更为广阔的品牌建设上，不断推出新的合作联名，比如罗小黑IP联名、伊利臻浓系列联名等合作，帮助王饱饱树立品牌形象，持续破圈。

在传播营销方面，王饱饱依旧活跃在其擅长的社交媒体推广上，抖音、微博、B站、小红书多管齐下，刘涛、周深等大牌明星的代言让王饱饱的名气直线升温。

在覆盖多个平台的同时，王饱饱持续稳定地大量曝光，最后"完成消费者认知建立"的组合拳。

值得一提的是，王饱饱瞄准了位于传播金字塔中层的腰部KOL。在当今信息碎片化时代，流量愈发分散，媒介也呈现去中心化特点，明星代言等头部KOL的推广方式已经不能满足流量下沉的新媒体营销，腰部KOL打造品牌知名度的速度，虽不如头部KOL快，但是用户黏性更强，在品牌推广与获客方面的成本也相对更低。

借助腰部KOL进行推广是王饱饱能够快速抢占市场的一条捷径，如今，与王饱饱达成合作的网红粉丝量已达千万级别。

第六章
用"创思维"成就"爆款"

最后，在源码资本投资人张吉鸿看来，王饱饱正是通过在产品与营销等多层次，重新定义了消费者对麦片的认知和想象。

市场是检验爆品策略的重要标准，市场的认可凸显了王饱饱团队极强的用户洞察能力，能够根据用户本位选择，从消费者价值增值的角度来开发产品，以新颖的传播方式，快速占领消费者的心智和认知，切中创新关键点，将用户痛点变成业绩增长点，线上线下双渠道布局，形成强大品牌势能，传播覆盖多个平台，加快品牌建设，这就是王饱饱不同于任何一种传统麦片的非传统爆品打法。

经纬中国合伙人王华东曾直言，王饱饱是互联网麦片第一品牌，不仅在产品创新方面起了表率作用，还有很强的投放能力，这都是辅助王饱饱成为全渠道品牌的有力武器。

第七节　小米

雷军有一句话说得很谦虚："小米未见得会成功，但小米模式一定成功。"

对于"小米模式移接在别的企业上，最后会不会成功？"这个问题，可谓是仁者见仁智者见智，但对于小米的成功，却是有目共睹的。

2010年4月6日，北京小米科技有限公司正式成立，此后11年，小米如开挂一般披荆斩棘，从位于中关村银谷大厦的一个小公司，成为现如今手机市场的超级巨头。

2011年12月18日，小米手机第1次正式网络售卖，仅用了5分钟，30万台手机便被预订售罄。

2019~2021年，小米连续3年入选世界500强。

在2021年最受赞赏的中国公司评选排名中，小米位于第3位。

◀ 第六章 ▶
用"创思维"成就"爆款"

根据小米集团2021年二季度中报显示，小米二季度实现营收877.89亿元，同比增长高达64%；实现净利润63.22亿元，同比增长高达87.4%。营收净利再创历史新高，

先抛开小米的诸多成功不提，对于小米，所有人都会有一个先入为主的认知——性价比高。

其实，性价比在商业上只是一个中性词，有些人把性价比理解成廉价、低端，还有人把它理解成亲民、大众，但小米性价比真正的核心在于：小米实现了大众对产品认知的反转，打通了高性价比的爆品道路，做到了"好货也可以很便宜"这一先进理念。

小米的好货和它的成绩一样，品类繁多，数不胜数。如今小米智能生态链产品已经涉及社会生活的各个领域，小到电池、牙刷、水杯和数据线，大到电视、冰箱、空调等。不用出门左转，在小米同一个品牌下，基本可以满足"米粉"们的日常生活需求，而且几乎每一款产品都是好用又便宜，深受"米粉"追捧和欢迎。

如果要论爆品数量，小米可谓是爆品界的头部大拿。除了2016年的企业低潮期之外，小米之所以能够在所到之处，留下一个接一个爆品，依靠的是以下4点独到的爆品思路。

1. 以单品爆款带动其他品类，联动式爆品革命

作为以极致性价比为爆品立足点的手机，回顾小米手机最初的利润，不超过5%。

在手机利润排行上，三星是第一，占比高达17%。华为、oppo、vivo等分列其后，在6家知名手机行业排名当中，小米的行业利润最低，利润占比接近于没有。

既然小米硬件产品不赚钱，那为什么小米凭借硬件产品，依然在爆品之路上越走越远？

那是因为小米做硬件产品时，把所有的资源、精力、创新研发都放在一两款产品上面，并把这个产品做到精，做到最低价，直到在同一细分市场里没有竞争对手，等诸多用户慕名而来，小米再用其他产品赚钱，这才是小米的真正意图。

只要其他产品种类够多、覆盖面够广，用户买完了手机，发现好用便宜，一回生二回熟，下一次就不是买手机，而是买移动电源、买电视等产品了。这样算下来小米的整体利润是高的，而它的手机爆品仅仅是一个"诱饵"罢了。

许多企业在做出一款爆品后，总是苦恼下一个爆流点究竟去哪里找，而小米就没有这样的后顾之忧，因为无论哪一类用户，几乎都能在小米找到所需，每款产品下面都聚集着不少忠实用户。

这也是小米为何在手机做起来之后才做的米家，手机爆品争取来了用户和曝光率，米家则把他们一一匹配进自己的产品库，留客率相当可观。这不是小米独创的模式，但小米却把它做成了联动式的爆品革命，以一品牵全局，小米自己则是最外圈的最大控局者和大赢家。

2. 重构全产业链，依靠互联网变现

有不计其数的人总结过小米的商业模式，其中有一家证券公司总结得很精准：小米是一家重构了人、货、厂、场，全产业链的新型科技消费品公司。

雷军也总结过小米商业模式的本质，他比较言简意赅，只用5个

◁ 第六章 ▷
用"创思维"成就"爆款"

字来总结:"互联网+技术"。

这两个总结有个异曲同工之处,就是都指出小米其实并不是一家传统意义上的手机企业,而是一家以技术、科技深耕互联网发展的新型手机企业。

因为是新型互联网企业,顺应新的互联网发展形势,小米告别了旧的产业链,完全重构了新的适宜小米发展的全产业链。与之前创新、生产、卖货的旧模式不同,小米通过把硬件手机做好、利润最大程度做低来获取用户,然后快速获取互联网流量,最后进行互联网变现。

小米目前收入来自国内的只有一半,另外一半来自全球市场,已经打入全球100多个国家。面对如此巨大的市场需求量,重构产业链其实是个非常复杂的问题,但小米却依靠对全自动化供应链的实现、积极利用国内供应链、招聘当地居民为工人等手段,打造自己的全产业链,经过重组,依靠产业链后续的一个爆发,从而带来可观的互联网爆品效益。

3. 技术和设计最优解

手机爆品市场一直有"七分技术,两分设计,一分颜值"的说法。

设计可以模仿,颜值容易被复制,但是技术任何人都拿不走、学不来,属于硬核实力。而小米的一个爆品思路是:无论在技术上还是设计上,要找出与同行相比,最优化最完美的解决方案。

拿技术举例,小米在影像领域,全球首发1亿像素相机,不仅如此,还是全面屏手机的开创者。小米在充电技术方面也遥遥领先,不仅率先实现了200W有线充电、120W无线充电等，还首发了石墨烯基锂离子电池、第二代硅氧负极电池等新技术。另外，小米还有一个耀眼的技术成绩是开创了陶瓷材质。

此外，小米智能工厂一期已经建成投产，它不仅拥有全自动化生产线，还拥有生产百万台高端智能手机的能力。在不久的将来，小米还会建立年产值五六百亿的二期工厂。

小米在技术上的实力有目共睹，背后是巨大的研发投入，以及持续不断的人才培养。根据一项数据显示，2020年小米研发总投入超过100亿元。

在引进人才和人才培养方面，小米进行了本公司规模最大的工程师扩招，另外还推出技术人才百万美金大奖和青年工程师奖励计划等多项人才激励措施。

流量为王的时代只会昙花一现，真正的爆品王者，是在技术品质面前秉持一丝不苟的态度，把技术打磨到极致的那些企业，小米就是一个。

4. 全球化拓展，新零售渠道变革

根据Canalys最新公布的全球智能手机Q2数据，小米在拉丁美洲销量同比增速超过300%，在非洲超150%，在西欧增长超过了50%。

全球化一直是小米的主打战略之一，在各个渠道和优势资源快速推动下，小米手机已经进入全球100多个国家和地区，并且在12个国家和地区排名第一，其中在印度市场一直位居第一。

与全球化战略相辅相成，小米在国内进行的线上、线下融合的

第六章
用"创思维"成就"爆款"

先进渠道"新零售"模式已经取得阶段性成功。

回顾小米的"新零售"征程,已经走了足足6年的时间,从2015年9月13日小米第一家真正意义上的线下体验店——米家商城在北京正式开业,现如今已经拥有了上万家体验店,掐指一算,小米之家已下沉至全国2200多个县城,米家在县城市场覆盖率已经高达80%。

总之,以单品爆款带动其他品类,联动式爆品革命,重构全产业链、依靠互联网变现,专注于技术和设计最优解,全球化拓展,新零售渠道变革,组成了小米独创的"小米模式",这是任何品牌都可以拿来变成"样板"的标准化爆品路径。

有句话说得好,小米商业模式之所以对传统产业和互联网产业产生了巨大的影响力,原因在于它试图扭转消费者对于产品的价值认知,而且小米也做到了。

第八节　蜜雪冰城

"你爱我，我爱你，蜜雪冰城甜蜜蜜。"

这首改编自美国经典民谣的《哦，苏珊娜》的主题曲，一经发布就成为火遍全网的洗脑神曲，在B站有1095.3万播放和共计1.8万弹幕，#蜜雪冰城主题曲#话题在抖音也有近13亿播放量。

或许有人会说，不就是一首烂大街的主题曲嘛，和真正的音乐根本没法比，这有什么好豪横的？

如果这么想，那就大错特错了。

蜜雪冰城主题曲听起来旋律简单，但是带来的商业价值却是音乐本身价值的无数倍。

蜜雪冰城的这套打法，和脑白金有异曲同工之妙。在当时网络传播媒介并不发达的情形下，脑白金也是凭借一首神曲横扫当年的保健品市场，所到之处连富硒康都要退避三舍。

◂ **第六章** ▸
用"创思维"成就"爆款"

所以从某种意义上来讲，蜜雪冰城主题曲的火爆实际上是蜜雪冰城受市场欢迎的直接映射。而它在打造爆品之路上，和主题曲中"甜蜜蜜"的软萌形象定位不同，蜜雪冰城是个杀伐果断又能挈领全局的狠角色。

蜜雪冰城目前在全国门店数量已达10 000+，并密集分布于27个省市。

2019年，蜜雪冰城做到了65个亿的营收和8个亿的净利润。

"2020中国茶饮十大品牌榜"中，蜜雪冰城紧紧跟在喜茶后面，名列第2。

2021年月，蜜雪冰城获得了由美团龙珠及高瓴资本为首的资本机构高达20亿元的融资，市场预计估值涨至200亿元人民币。

……

蜜雪冰城以每杯不超过10元钱的平民奶茶，无论在门店数量还是双收业绩上，都默默碾压了同行，一跃成为奶茶市场当之无愧的"雪王"。

蜜雪冰城亏吗？不，从各项数据来看，它赚大了。

关于蜜雪冰城，还有一句流行语，"我不嫌你穷，你别嫌我low。"

可是蜜雪冰城真的low吗？如果你看完了蜜雪冰城在打造爆品上所运用的战术思路，就不会这么认为了，而是会忍不住大喊一句"高端大气上档次"了。

1. 低端市场的高端玩法，最大限度降低成本

"走低端市场"这几个字从蜜雪冰城建立之初，就是它一个与众不同的标签。

在奶茶行业，做下沉市场的寥寥无几，蜜雪冰城是个个例。

浙江大学李实教授曾在一次演讲发言中提到，"全国目前月收入低于1000元以下的人群大概是3.1亿，月收入低于2000元以下的人群大概是7.1亿。如果根据国家统计局使用的'中等收入群体的标准'，大概总共是9.1亿的低收入群体。"

因为下沉市场的低收入群基数庞大，产品价格一般来说不能设置得太高，低定价的背后实际上考验的是后端的成本平衡，如果没有一个强大供应链和物流系统，那价格定得越低，死得就越快。

而看看蜜雪冰城的定价单，大部分是10元以内的产品，另外还有超低价2元的冰淇淋，维持这么低的定价，一方面是自身的市场定位，另一方面是蜜雪冰城有自己独门秘笈。

在原料方面，蜜雪冰城不仅直接与茶山、果园、牧场等深度绑定，还建有自己的中央工厂和供应链。根据市场调研，蜜雪冰城目前自有工厂为7~8家，主要分布于上海及广东地区，除了满足自己的原料所需之外，同时向其他品牌提供原材料。

另外，蜜雪冰城还通过合作入股的工厂生产原材料，这样一来压低了原材料成本。还有一点值得一提，拥有万店规模的蜜雪冰城，也为上游供应链端带来了很高的议价能力。

根据业内人士透露，蜜雪冰城采购价能够比竞品低20%，比如蜜雪冰城一款夏季爆款产品——冰鲜柠檬水，使用的柠檬是非洲某国供应，这款柠檬是广州的进口商较为集中，蜜雪冰城的进货直接影响着进口商的成败，一荣俱荣，一损俱损。

第六章
用"创思维"成就"爆款"

在仓储方面,蜜雪冰城高度把控,自己开分仓,总共有东西南北中五大仓库,负责给全国门店统一配送产品,使得从仓储到运输过程中,原材料损耗较少,根据不完全的统计,加盟商门店水果的损耗率几乎能控制在10%以内。在物流方面,目前品牌物流由三家公司协同运作。其中,郑州两岸企业管理有限公司主导管理运营,河南大咖食品有限公司主导研发生产,郑州宝岛商贸有限公司提供仓储物流服务,蜜雪冰城从中整合了优势资源,提高了利用效率,进一步降低了成本,让低价变得有迹可循。

依靠强大的自营工厂供应链,以及损耗率极低的仓储物流,蜜雪冰城将成本压得足够低,同时还能维持盈利,这就是它的独门秘籍。

2. 大力推进加盟扩张发展,扩大体量规模

当然,一个品牌或者是爆品的发展,单单依靠低价策略只能博出位,却无法长远立足。因为市场上永远有比你更低价的产品,这是必然的。

所以在降低成本的同时,蜜雪冰城加快了加盟扩张的步伐,其深层意义是,"不仅要比对手价格低,还要比对手规模大。"

加盟不仅使其产品分销研发优势得到充分发挥,还能确保品牌持续的竞争力和对消费者的吸引力,打破资源瓶颈,实现区域拓展扩张。

正因为加盟的好处太多,所以很多企业或者个人都瞄准了加盟这条路,加盟水涨船高,加盟费连年攀高,比起市场上动辄几万到十几万的加盟费,蜜雪冰城的加盟费并不高。

综合各项数据来看，蜜雪冰城其省会城市加盟费1.1万，地级城市加盟费0.9万，县级市加盟费只需要0.7万。

加盟费不高，看似没有赚钱的余地，那蜜雪冰城的赢利点在哪里？实际上，蜜雪冰城有40%的利润来自向加盟商提供的原材料。其中，蜜雪冰城原材料加价率是40%，部分产品的加价率高达50%，加盟商产品的毛利总体高达到55%~60%。

加盟费不高，会吸引大量的加盟者，蜜雪冰城的万店规模就是加盟商热情的一种投射，而在赚取加盟原料费用的同时，蜜雪冰城又能兼顾盈利，这种最大化扩大体量规模的爆品大气打法，是如今任何一家奶茶店都不能与其相提并论的。

3. 营销思路上档次

别看蜜雪冰城的洗脑神曲听起来又土又low，但实际上这首洗脑神曲的背后，是一家上海本土咨询营销策划公司"华与华"，以及800多万元的营销费用。

有资料显示，蜜雪冰城与"华与华"从2018年左右就开始联手合作，"华与华"不仅包办了主题曲，还提供了店面的设计思路，把蜜雪冰城做成了一条街上"最艳"的门头，再加上雪王软萌又可爱的IP，足以从一众商铺中脱颖而出。

按照华与华的说法，用最简单、最大众的元素，将蜜雪冰城打造成最接地气的大IP，而实际上，这一波营销确实起到了立竿见影的效果，伴随着"我不嫌你穷，你也别嫌我low"的流行语，蜜雪冰城再度出圈，在网络上掀起了一股热潮。

主题曲、店面设计只是蜜雪冰城营销的其中一个手段，除此之

第六章
用"创思维"成就"爆款"

外还有能够制造记忆点、强化记忆的洗脑式户外广告,在奶茶店唱主题曲,获得优惠,与其他企业和微博大V推广合作等,一方面扩大了影响力,另一方面赚足了眼球,为蜜雪冰城的爆火插上了翅膀。

总之,对于蜜雪冰城究竟土不土这件事,不同的网友有不同的答案。正如一名知乎用户所说:"蜜雪冰城靠极致的供应链,标准化、工业化的运营管理,才把一个冰激淋做到2块钱,还有钱赚,一点都不low!"

不论如何,在打造爆品区间的整体运作上,不管是定价还是品牌定位,蜜雪冰城可以说是"10元以下无对手"。

第九节 每日坚果

沃隆每日坚果的董事长杨国庆曾说过这样一句话："我们踏进一条河，可以顺水走，也可以逆水走，但是我们要永远逆水走。"

另外，杨国庆还有一句传播更广的话："在红海时代，唯一的出路就是创新，产品创新、品类创新乃至模式创新。"

杨国庆第一句的"逆水走"说的就是沃隆。而杨国庆的第二句话，则揭示出了沃隆在爆品之路"逆水走"的过程中，如何把路走宽，如何把对手走懵，又如何把行业走得风生水起？那就是：创新。

2015年，每日坚果应运而生，短短几年的时间，沃隆的年销售额从1亿激增到现在突破10亿。

因为沃隆的出现，每日坚果整个行业也实现了从0到1，市场规模接近颇为可观的100亿元。

第六章
用"创思维"成就"爆款"

以一己之力创新缔造出一个新行业新品类,说的就是沃隆。

在沃隆每日坚果出现之前,坚果就是一个年节产品,只有逢年过节才拿出来摆一摆。这导致坚果行业有一个致命弱点:旺季必须销完,一旦出现存货积压肯定会亏。

在沃隆每日坚果出现以后,坚果从年节食品跳进了日常生活场景中,不仅一年四季有人吃,而且每天都有人吃,每天都是旺季。

沃隆能做到今天这样的成绩,完全要归功于以下3点:

1. 找到消费者的需求,主打健康食品

在一次聚焦健康需求的研究中,大概有36.4%受访者的关注点格外聚焦于个体的身心全面健康,其中一大部分人更加注重身体健康、长寿、营养等方面的讯息。

即使脱离开这份研究报告,也能发现近年随着人们生活水平不断提高,物质不断丰富,人们更加注重健康,可以说,没有人不希望自己健康。

沃隆针对"全民关注自身健康"这个话题,找到了消费者对健康食品的需求,而坚果无疑是零食中的健康担当。坚果不仅富含蛋白质、维生素、矿物质,还富含了大量的健康脂肪酸,和其他零食对标"长胖""垃圾食品"等关键词的同时,坚果已经获得了零食中健康使者的美誉。

沃隆针对消费者的这一需求,研究出成年人一天摄入25克坚果为宜,推出了小袋坚果包装,很好地抓住了当下的消费趋势和消费需求,及时将重点放远,根植在现在这个注重健康的时代,坚持制作并宣传集方便与营养于一身的"用心零食",是沃隆成功打造爆品的起点所在。

2. 找到行业痛点，以创新带动高品质多品类

每日坚果的创新点，实际上就是坚果行业的痛点，能够准确找到行业痛点，源于杨国庆和外国朋友的一次聊天。

杨国庆发现，和中国人带壳买坚果的习惯不同，外国人是买现成去壳的吃，这对杨国庆的启发非常大。以前国内都是做带壳的核桃、巴旦木、碧根果、夏威夷果之类的，但随着生活节奏变快，人们购买力提升，杨国庆突然有了一个大胆的想法，为什么不专注做小包装的果仁？

创新想法一形成，问题随之而来。

由于每日坚果精品小袋化，所选的原料甄选了进口坚果，坚果的产业链条太长，如果运用"全球采购—低温烘焙—分装—全渠道销售"的产业链条，无法把控每个环节，这样一来，产品品质就无法得到保证。

对于杨国庆来说，想做农产品行业必须深入第一线，不到一线就无法得到好的原料。

于是，沃隆的采购团队每年在坚果的收获季都会去国外原产地采购，并执行国际上最严格的采购标准。于此同时，沃隆坚持自己建厂生产，从2015年至今，沃隆已经建立了比较完整的供应链体系，在青岛也已经建设5家自有工厂。随着供应链的完善，产能大大提高，进入坚果收获季节以后，沃隆的工厂产能能满足5年的产品需求。

因为拒绝和竞品雷同的贴牌代工，使得沃隆成为了全产业链布

◀ 第六章 ▶
用"创思维"成就"爆款"

局的产品型企业,在产品烘烤、筛选、精装各环节实现了全流程可控,以严格的标准让每日坚果的质量始终如一,通过对产品质量的严格把控,沃隆每一步都走得很扎实。

另外,通过对品类的细分以及创新,沃隆细分出来的能量棒、果干果脯、坚果吐司面包、坚果大列巴等细分品类,对市场的精细化操作,让沃隆产品覆盖多品类,实现了丰富高品质的产品升级。

3. 抓住互联网红利,线上线下双渠道布局

在沃隆打入坚果市场后,正好赶上了一波互联网红利。当时三只松鼠、百草味等已经在线上逐渐引爆了坚果品类,在此引爆的基础上,借助互联网红利,沃隆的品牌力迅速通过电商传播出去。

沃隆一开始先做的线下渠道,后来在2016年才进入线上渠道,开设了天猫旗舰店,如今沃隆线上渠道占30%,线下渠道占70%,两大渠道同步发展。

线上,沃隆拥有自己的电商事业部,每个员工的分工和目标明确。线下,沃隆拥有百余人的销售队伍和全国六百多个代理商,销售渠道全面覆盖。

在直播带货领域上面,沃隆也及时抓住了流量红利。在2020年3月的女王节首创集卡活动、5月的沃隆姐妹淘万店连麦活动、7月的美食栏目脑洞厨房、8月的健身教练空降直播间、11月的总裁来了等活动,都有沃隆的身影,沃隆创造了全年不间断直播近5000小时,并斩获天猫品牌零食小时榜TOP1。

在活动期间,沃隆积极与不同行业的头部知名品牌共同开展跨界营销宣传策划,完成资源共享,发掘不同行业的潜在客户,为品牌助力，提高沃隆品牌形象。

其实早在2018年沃隆就已经开始尝试线上的内容营销，比如做综艺的长视频植入、影视剧植入等。爆款剧集《都挺好》中，沃隆作为坚果零食独家赞助品牌，凭借着深度的情节植入和电视剧高频曝光，沃隆有效提高了品牌的传播声量。

在《都挺好》之后，《巡回检查组》《我是余欢水》《扫黑风暴》等影视剧中，都出现了沃隆的身影，可以说在网络内容营销上，沃隆已经有了一条较为成熟的路径。

总结起来，沃隆打造爆品的几大策略是找到消费者的需求，主打健康食品，以创新带动高品质多品类，抓住互联网红利，线上线下双渠道布局。从产品到市场，从营销到渠道，沃隆可谓是面面俱到，各个突破，终于做到了现在的规模和成绩。

如果算起来，沃隆的每日坚果从2015年上市走红到现在，可以说是先有产品，后有品牌。

2019年之前，沃隆的广告语是"甄选全球每一颗"。

2019年之后到2021年，沃隆的口号是"只做好坚果"。

而"好坚果"这几个字，不仅是沃隆品牌文化的浓缩，也是其精品爆品思路的外化体现。